Disneyland® Paris

Ninas zauberhafter Reiseführer 2019/2020

von Nina Friedrich

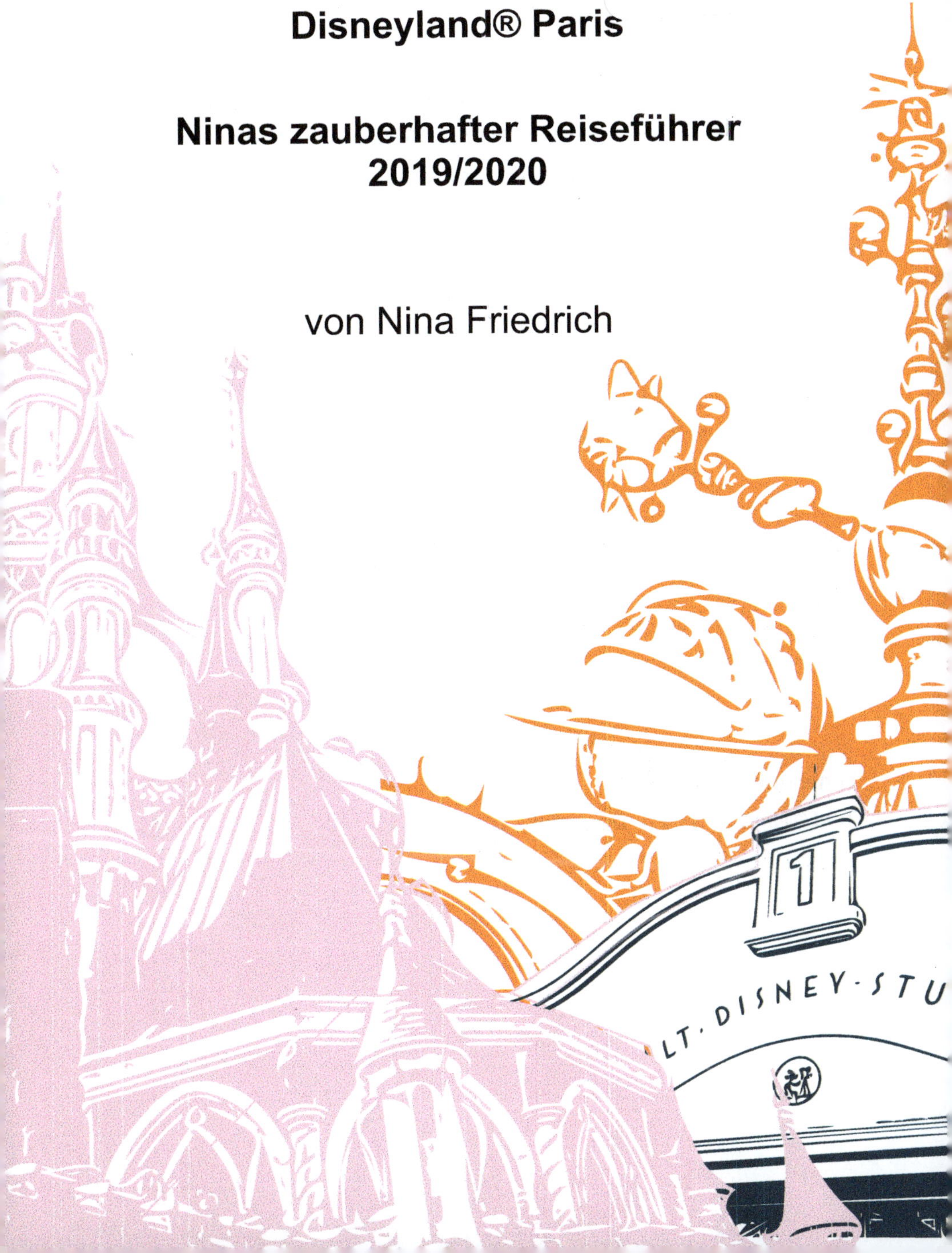

Haftungsbeschränkung und Haftungsausschluss

Die Autorin hat sich nach besten Kräften bemüht, diesen Reiseführer in der vorliegenden Form zu erstellen. Die Autorin übernimmt keine Gewähr für die Richtigkeit oder Vollständigkeit des Inhalts dieses Buches und lehnt insbesondere jegliche stillschweigende Gewährleistung der Marktgängigkeit oder Eignung für einen bestimmten Zweck ab und haftet in keinem Fall für Gewinnverluste oder Schäden, einschließlich, jedoch nicht beschränkt auf, Folgeschäden oder andere, spezielle und zufällig eintretende Schäden. Bitte lesen Sie vor dem Betreten der beschriebenen Attraktionen alle Schilder und die Allgemeinen Geschäftsbedingungen.
Angegebene Preise sind annähernd und schwankend.

édition poulet

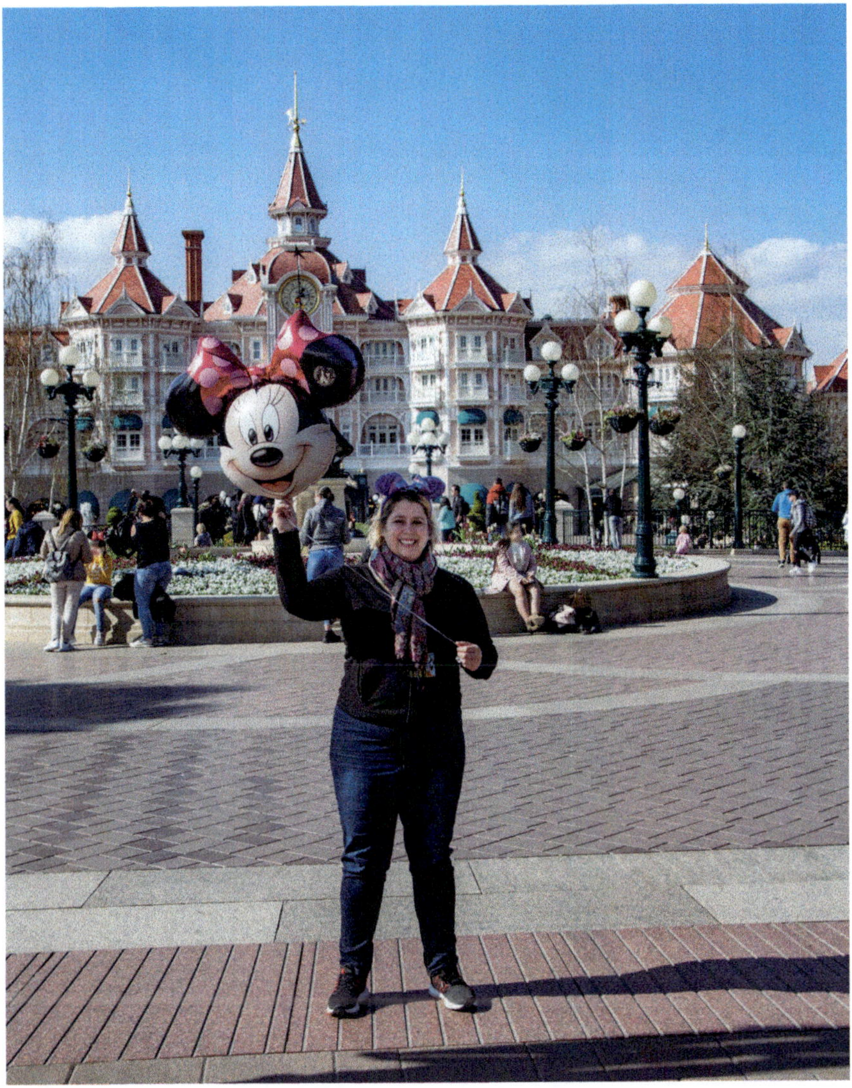

Folgen Sie mir auch auf Instagram und Facebook!

disneyana_nina

Ninas zauberhafter Reiseführer

Impressum

Bibliografische Information der Deutschen Bibliothek
Die Deutsche Bibliothek verzeichnet diese Publikation in der Deutschen Nationalbibliografie; detaillierte bibliografische Daten sind im Internet über http://dnb.ddb.de abrufbar.

ISBN Softcover: 978-3-9821112-0-9
ISBN eBook: 978-3-9821112-1-6
Titelbild: Torsten Friedrich
Lektorat / Korrektorat: Textsyndikat, Christiane Geldmacher M.A.
Satz / Gestaltung: Torsten Friedrich Kommunikation
Verlag: Édition Poulet, Darmstadt
Herstellung: BoD – Books on Demand, Norderstedt

Danke, dass Sie diesen Reiseführer erworben haben

Die Stunden, die ich daran gearbeitet habe, lassen sich mittlerweile genauso wenig zählen wie die Anzahl meiner Besuche. Mit Ihrem Kauf geben Sie mir das Gefühl, meine Arbeit zu würdigen.

Der vorliegende Reiseführer wurde nach bestem Wissen und Gewissen verfasst und basiert auf persönlichen Erfahrungen und Eindrücken, die auf meinen unzähligen Reisen zu meinem persönlichen Happy Place gesammelt wurden. Abgerundet wird das Werk von privaten Aufnahmen der Familie.

Naturgemäß ist Gedrucktes von Dauer, weswegen die Informationen nie zu einhundert Prozent aktuell sein können. Ich versuche jedoch, den Reiseführer immer so aktuell wie möglich halten – dafür reise ich regelmäßig nach Disneyland® Paris.

Auch wenn das Internet viele Informationen bietet und schneller auf Neuerungen reagieren kann, geht nach meinem Empfinden doch nichts über ein echtes Bucherlebnis. Oder zumindest einen eBook-Reader. Da Sie eines davon gerade in den Händen halten, scheinen Sie meine Meinung zu teilen.

Nun wünsche ich Ihnen einen zauberhaften Aufenthalt im Land der Maus und viel Freude mit *Ninas zauberhaftem Reiseführer.*

Inhalt

Disneyland® Resort Paris – Micky Maus vor den Toren von Paris

Herzlich willkommen in der wahr gewordenen Phantasiewelt von Disney® – tauchen Sie ein in die perfekte Illusion! Wer dem grauen Alltag entfliehen möchte, ist in Disneyland® Resort Paris genau richtig. Hier können Sie Helden Ihrer Kindheit wiedersehen und neue kennenlernen – von Dornröschen über Kapitän Hook und von Winnie Pooh bis Buzz Lightyear warten unzählige Disneycharaktere in und um die Parks darauf, von Ihnen entdeckt zu werden!

Als ganzheitliches Erlebnis aus Themenparks und umfangreichen Freizeitmöglichkeiten bietet das Ressort seinen Besuchern weit mehr als reines Freizeitparkvergnügen. Treten Sie ein und lassen Sie sich von der Magie verzaubern!

Entstehungsgeschichte Disneyland® Resort Paris

Bereits 1976 gab es erste Gespräche über die Errichtung eines Disney® -Themenparks in Europa, doch erst sechzehn Jahre später, am 12. April 1992, war es soweit: *Euro Disney®* öffnete in der Pariser Peripherie seine Pforten.[1]

Nachdem bereits 1985 die grundsätzliche Entscheidung für die Errichtung eines Disney®-Themenparks in Europa gefällt wurde, musste zunächst die Standortfrage geklärt werden. Aus immerhin 1.200 denkbaren Standorten wurde die Auswahl schließlich auf drei eingeschränkt — zwei

1 Vgl. Eisner, Michael D., Disney ist jeden Tag ein Abenteuer, Wilhelm-Heyne-Verlag GmbH & Co. KG, München, 1999, S. 315ff.

spanische Standorte traten in Konkurrenz zu Paris. Die Wahl fiel bekanntermaßen auf Paris, was hauptsächlich an der zentralen Lage und der deutlichen vorteilhafteren Infrastruktur lag.[2]

1987 schließlich erwarb der Disney®-Konzern in Marne-la-Vallée ein knapp zwanzig Quadratkilometer großes Areal. Hier entstand innerhalb von fünf Jahren Euro Disney®, der erste (und bis heute einzige) Disney®-Themenpark in Europa. Zum Eröffnungszeitpunkt 1992 umfasste Euro Disney® neben dem ersten Themenpark bereits sechs Hotels, eine Ranch, Freizeitmöglichkeiten und umfangreiche Wirtschaftsgebäude. Schon damals gab es Planungen zum Bau eines zusätzlichen Themenparks, der jedoch erst 2002 eröffnet wurde.[3]

Wenngleich Euro Disney® überwiegend nach amerikanischem Vorbild errichtet wurde, finden sich viele französische Elemente im Park. So sprechen die Figuren in vielen Attraktionen Französisch, auch wenn nur ein Teil der Gäste diese Sprache als Muttersprache spricht.

Aus Marketinggründen wurde Euro Disney® 1994 in *Disneyland® Paris* umbenannt – auch wenn sich die Bezeichnung Euro Disney® nachhaltiger eingeprägt hat als dies den Verantwortlichen lieb sein dürfte.

Im Zuge der Eröffnung des Walt Disney Studios® Park 2002 wurde aus *Disneyland® Paris* schließlich *Disneyland® Resort Paris*. Damit zog Europa mit den Themenparks in Amerika und Japan gleich, die allesamt bereits den Zusatz *Resort* trugen. Im alltäglichen Sprachgebrauch wird der Zusatz *Resort* jedoch weggelassen.[4]

---

2 Vgl. Eisner, Michael D., Disney ist jeden Tag ein Abenteuer, Wilhelm-Heyne-Verlag GmbH & Co. KG, München, 1999, S. 315ff.
3 ebd.
4 ebd.

Wirtschaftliche Situation

Der Disney®-Konzern war aufgrund hervorragender Gewinnprognosen mit großen Erwartungen in das Europageschäft gestartet. Jedoch blieben die tatsächlichen Ergebnisse von Anfang an deutlich hinter den prognostizierten Einnahmeerwartungen und Gewinnen zurück.

Nicht zuletzt negative mediale Berichterstattung über zu hohe Preise und geringe Auslastungsquoten sowie Fehleinschätzung seitens der amerikanischen Verantwortlichen bezüglich des europäischen Marktes hatten in den Anfangsjahren des Parks zu ernsthaften finanziellen Problemen geführt. Der Disney®-Mutterkonzern *The Walt Disney Company* entschied sich daraufhin zu drastischen Schritten, um den Park zu retten: So wurden zunächst die bereits begonnenen Planungen zum Bau des zweiten Parks nach dem Vorbild der MGM-Studios eingestellt; außerdem wurden zur Deckung der Verbindlichkeiten der kommenden sechs Monate seitens des Mutterkonzerns Finanzhilfen zur Verfügung gestellt. Dieser war jedoch zu weiterer finanzieller Unterstützung zunächst nicht bereit. In Zusammenarbeit mit den an der Finanzierung des Parks maßgeblich beteiligten Banken wurde schließlich ein Maßnahmenplan zur Rettung des Themenparks beschlossenen und umgesetzt.

Nur zwei Jahre nach der Eröffnung des Parks entschied man sich im Rahmen dieses Maßnahmenplans für einen Imagewandel: Flankiert von einer Umbenennung des Themenparks in *Disneyland® Paris* (das finanziell geprägte Wort *Euro* wurde gestrichen) wurden die Preise für Eintritt, Übernachtungskosten sowie Verpflegung gesenkt. Diese Maßnahmen führten schließlich zu einem Ende der negativen Berichterstattung und zu einem deutlichen Anstieg der Besucherzahlen.

Jedoch rutschte der Themenpark mit Ausnahme weniger Jahre mit ausgeglichenen Bilanzen immer wieder in die roten Zahlen.[5]

---

5 Vgl. Eisner, Michael D., Disney ist jeden Tag ein Abenteuer, Wilhelm-Heyne-Verlag GmbH & Co. KG, München, 1999, S. 315ff.

Zudem belasteten finanzielle Altlasten aus den Anfangsjahren nach wie vor die Bilanzen.
Notwendige Investitionen in neue Attraktionen, um den rückläufigen Besucherzahlen entgegenwirken, werden bis heute regelmäßig von schlechtem Wetter, Wirtschaftskrisen und nicht zuletzt weltweiten Terroranschlägen torpediert. Dabei ist das Disneyland® Resort Paris nach Aussagen von Parkverantwortlichen „die größte Touristenattraktion Europas"[6] und erfüllt in Punkto Sicherheit höchste Standards.
Durch den Rückkauf aller im Umlauf befindlichen Aktien übernahm der Mutterkonzern 2017 schließlich vollständig das Ruder. Um den Park auf Kurs zu bringen, wurden aus Übersee umfangreiche finanzielle Mittel bereitgestellt, um die nicht nur im Hinblick auf das 25jährige Parkjubiläum dringend notwendigen Renovierungsarbeiten im gesamten Park durchführen zu können. Der amerikanische Mutterkonzern setzte voll auf das 25-jährige Jubiläum, das 2017 begangen wurde und ein großer Erfolg war.[7]

Ausblick

Durch die Investitionen des Mutterkonzerns wurde bereits rund um das Jubiläumsjahr 2017 in den Parks einiges verändert. Der große Paukenschlag wurde im Laufe des Geburtstagsjahres mit dem Bau dreier neuer Themenländer verkündet: Bis 2025 bekommen die Publikumsmagneten *Marvel*, *Star Wars™* und *Die Eiskönigin – Völlig unverfroren* jeweils ein eigenes Themenland, das in den Walt Disney Studios® Park integriert (*Marvel*) bzw. angegliedert (*Star Wars™* und *Die Eiskönigin – Völlig unverfroren*) wird.[8]

---

6 Eisner, Michael D., Disney ist jeden Tag ein Abenteuer, Wilhelm-Heyne-Verlag GmbH & Co. KG, München, S. 341
7 Vgl. Eisner, Michael D., Disney ist jeden Tag ein Abenteuer, Wilhelm-Heyne-Verlag GmbH & Co. KG, München, 1999,S. 315ff.
8 https://news.disneylandparis.com/de/2018/02/27/disney-kuendigt-mehrjaehriges-erweiterungsprojekt-fuer-disneyland-paris-an/ Artikel vom 27.02.2018

Neben den Erweiterungsmaßnahmen in Walt Disney Studios® Park werden zusätzliche Hotels sowie ein neues Convention Center gebaut. Außerdem wird das Disney Village®, der Entertainment-Bereich des Ressorts, erweitert.
Erste Entwürfe lassen Großes erahnen und beleben die Hoffnung auf einen dritten Themenpark, der ursprünglich bereits 2017 gebaut werden sollte.
Auch sonst dürfte es in den kommenden Jahren in Disneyland® Paris nicht langweilig werden: Zum 30. Geburtstag (2022) werden die Verantwortlichen sicher eine ähnlich spektakuläre Party auf die Beine stellen wie die große, ein Jahr andauernde Party zum 25. Geburtstag. Und last, but not least werden sich Micky und Co. während der 2024 in Paris stattfindenden Sommerolympiade bestimmt von ihrer sportlichen Seite zeigen.

Wegweiser durch das Disneyland® Resort in Paris

Das Disneyland® Resort Paris ist weit mehr als ein Freizeitpark. Neben den beiden Themenparks *Disneyland® Park* sowie *Walt Disney Studios® Park* gibt es den Entertainmentbereich *Disney Village®* und sechs angeschlossene, zum Ressort gehörende Hotels, eine Ranch sowie einen Golfplatz. Seit 2017 befindet sich in unmittelbarer Nähe außerdem das *Villages Nature® Paris*, ein Ferienpark mit fünf Erholungswelten, der in Zusammenarbeit mit Center Parcs entstanden ist.
In Val d'Europe, das sich an das die beiden Parks, Disney Village® und das Hotel-Areal umfassende Gelände anschließt, befinden sich darüber hinaus eigenständige Partnerhotels sowie eine Shopping-Mall mit 190 Boutiquen und 30 Restaurants. Abgerundet wird das Angebot von einem Aquarium der Sea Life-Gruppe.

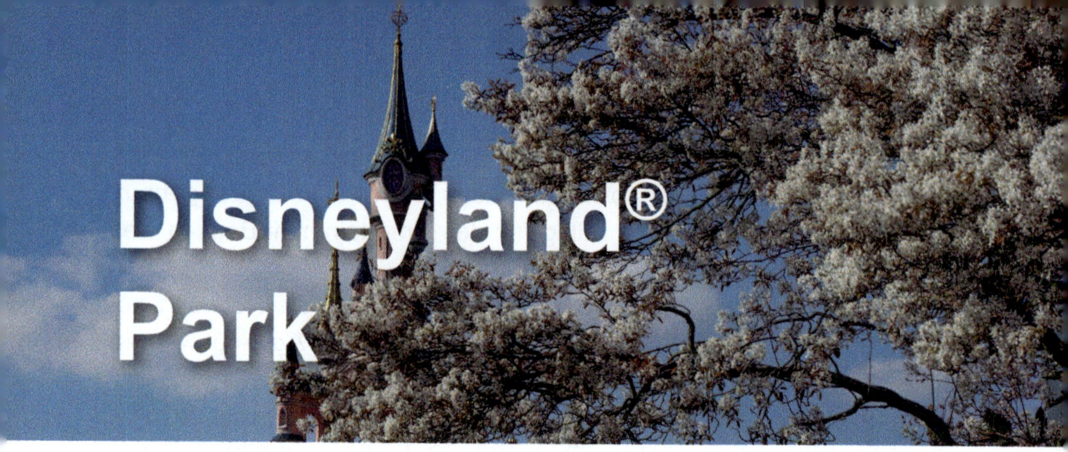

Disneyland® Park

Disneyland® Park ist der zuerst erbaute und in seiner Konzeption ursprünglichste der beiden Parks. Mit den fünf Themenländern *MainStreet U.S.A.®, Frontierland, Adventureland, Fantasyland®* und *Discoveryland* bietet dieser Park ein vielfältiges Angebot an Attraktionen, Shops und Restaurants. An jeder Ecke gibt es liebevoll gestaltete Elemente zu entdecken, die entweder direkt oder indirekt in Zusammenhang mit Disney®-Filmklassikern stehen: sei es in Form von Attraktionen und Musik oder Gestaltung und Dekoration. Diese Details erstrecken sich, so weit das Auge reicht: Lampen, Zäune und Pfosten, Fliesen, Tapeten und Dächer sind immer individuell gestaltet und thematisch passend. Angrenzende Gebäude greifen Elemente nahegelegener Gebäude oftmals auf.

Um den Disneyland® Park komplett zu entdecken, reicht ein einziger Tag bei Weitem nicht aus. Planen Sie also mindestens zwei, besser drei Tage für den Park ein. Und kommen Sie einfach wieder!

MainStreet U.S.A.®

Wer den Eingangsbereich passiert hat, erblickt zunächst die *MainStreet Station*, den Bahnhof der parkeigenen Eisenbahn. Der Bahnhof ist oft saisonal speziell dekoriert und versetzt Besucher ins Staunen, bevor sie den Park überhaupt richtig betreten haben.
Das nächste Highlight folgt direkt: Schon von Weitem ist das *Sleeping Beauty Castle* zu sehen, das in der Häuserschlucht der *MainStreet U.S.A.®* hervorragend zur Geltung kommt.
Die MainStreet U.S.A.® selbst empfängt Besucher mit dem Charme einer amerikanischen Kleinstadt der viktorianischen Ära zum Ende des 20. Jahrhunderts. Hinter mit viel Liebe zum Detail gestalteten Häuserfassaden verstecken sich links und rechts Boutiquen und (Schnell-)Restaurants, die zum Shoppen und Schlemmen einladen. Die Häuser sind in einem verkleinerten Maßstab aufgebaut, damit Besucher schnell viel sehen, ohne dabei viel laufen zu müssen. Durch den kleinen Maßstab erscheint zudem alles viel lieblicher und phantastischer und markiert den Unterschied zwischen der perfekten Illusion innerhalb des Parks und der realen Welt außerhalb des Parks.
Links und rechts des Hauptweges befinden sich etwas verborgen die beiden Arkaden *Liberty Arcade* und *Discovery Arcade,* die mehr bieten, als sich auf den ersten Blick vermuten lässt: Mit direktem Zugang zu einigen Shops und Restaurants dienen sie als Fluchtmöglichkeit vor unangenehmem Wetter oder den Besuchermassen – und das bei aufwändig verzierten Wänden und detailverliebt gestalteter Inneneinrichtung.
Das Interieur der *Discovery Arcade* rechter Hand ist im retro-futuristischen Stil gehalten und den Visionären der letzten Jahrhunderte gewidmet. So finden sich hier unter anderem Werke von Leonardo Da Vinci und Gustave Eiffel wieder.

Die *Liberty Arcade* linker Hand huldigt der *Freiheit*, die sich europäische Auswanderer in ihrer neuen Heimat Amerika erhofften. Der New Yorker Freiheitsstatue, die wie kaum etwas anderes den amerikanischen Traum symbolisiert, ist in der Arkade sogar eine Walk In-Attraktion gewidmet. Fünf Pendants der Freiheitsstatue finden sich übrigens verteilt in Paris. Falls Sie einen Trip in die Pariser Innenstadt planen, stehen die Chancen gut, die eine oder andere davon zu entdecken.

Die *Central Plaza* am Ende der MainStreet U.S.A.® verbindet die fünf Themenländer miteinander und ist so Dreh- und Angelpunkt des Parks.

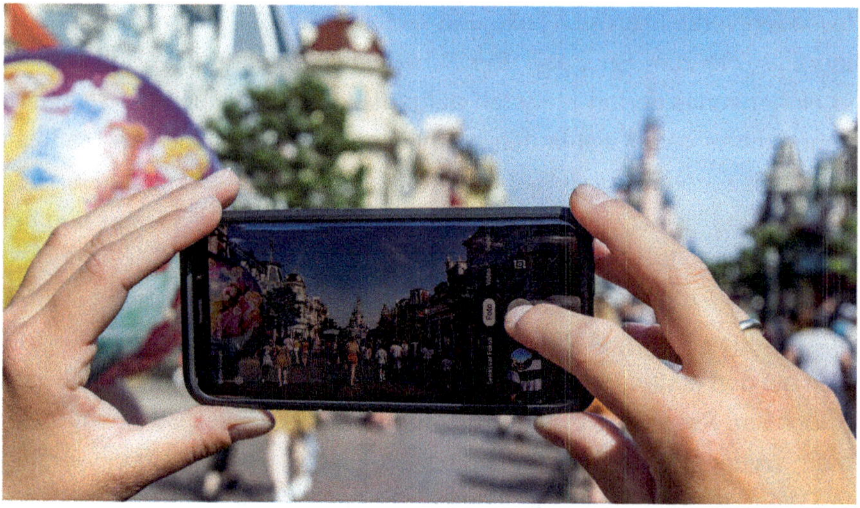

MainStreet U.S.A.®

Attraktionen

Disneyland Railroad – MainStreet Station

Die *Disneyland Railroad* ist ein Dampfzug, in dem Gäste in seitlich offenen Waggons rund um den Disneyland® Park herumfahren können. Eine komplette Runde dauert mit Stopps ungefähr 30 Minuten.
Der Bahnhof *MainStreet Station* ist quasi der Hauptbahnhof des Parks.

Tipp:
Steigen Sie am besten direkt im Bahnhof *MainStreet Station* in den Zug ein, da es hier in der Regel die meisten freien Zustiegsplätze gibt. Besucher, die den Park das erste Mal besuchen, sollten unbedingt eine Fahrt mit der Disneyland Railroad einplanen und eine vollständige Runde fahren. Mit diesem Fortbewegungsmittel gewinnt man einen guten Eindruck über die Ausmaße des Parks und kann nebenbei die Füße schonen.
Obendrein kann man vom Zug aus einen Blick in und hinter die Kulissen werfen: Zwischen MainStreet U.S.A.® und Frontierland bekommen Fahrgäste vom Zug aus einen Einblick in den Grand Canyon mit seiner vielfältigen Tierwelt. Zwischen Frontierland und Fantasyland® fährt man an der Attraktion *Indiana Jones™ and the Temple of Peril* vorbei und kann in die Attraktion *Pirates of the Caribbean* hineinschauen. Zwischen Fantasyland® und Discoveryland fährt der Zug durch die Kulissen von *It's a small world* — Winken nicht vergessen.
Selbstverständlich ist der Ausstieg an jeder Station der übrigen Themenländer möglich – bei all den spannenden Sachen ist es nur zu verständlich, wenn der Entdeckungsdrang unterwegs zu groß wird.

Fun Facts: Walt Disney war zeitlebens ein riesiger Fan von (Modell-) Eisenbahnen. Aus seiner Kindheitsleidenschaft wurde ein lebenslanges Hobby, durch das er sich zur Errichtung der Eisenbahn im Disneyland® Resort Anaheim inspirieren ließ.[9]

Haben Sie es entdeckt? Das gusseiserne Geländer trägt die Initialen *EDRR*, einen Hinweis auf den früheren Namen des Parks: *Euro Disney® (Rail Road)*.

Main Street Vehicles & Horse-Drawn Streetcars

In den verschiedensten Fahrzeugen (Paddy Wagon, Omnibus, Fire Truck, Limousine, Horse-Drawn Streetcars) können sich Fahrgäste den kurzen Weg vom Town Square bis zur Central Plaza bzw. von der Central Plaza zum Town Square *kutschieren* lassen. Dort ist die nur wenige Minuten dauernde Fahrt jeweils zu Ende und die Fahrgäste werden in den Trubel vor dem Schloss bzw. der *MainStreet Station* entlassen. Abfahrt ist an den jeweiligen Haltestellen.

Tipp: Die außergewöhnlichsten Fahrzeuge sind sicherlich die *Horse-Drawn Streetcars.* Solange sich die Besuchermassen im Rahmen halten, verkehrt die von einem echten Pferd (mit Namensschild) gezogene Straßenbahn zwischen Town Square und Central Plaza. Fahrgäste werden zurück in die Zeit versetzt, als es noch keine elektrisch betriebenen Straßenbahnen gab, und kommen in den Genuss der entschleunigten Fortbewegung.
Die *Main Street Vehicles* operieren hauptsächlich vormittags.

---

9 Vgl. https://de.wikipedia.org/wiki/Carolwood_Pacific_Railroad (Stand 07/2019)

City Hall

Die *City Hall* ist keine Attraktion im klassischen Sinne, sondern so etwas wie das Rathaus des Disneyland® Park. Hier kann man Reservierungen für Restaurants vornehmen, Feedback hinterlassen, verloren gegangene Kinder melden, Fundsachen suchen und vieles mehr. Außerdem bekommt man dort Buttons für Geburtstagskinder und für Erstbesucher (nach Verfügbarkeit).

Statue of Liberty Tableau

Etwas versteckt in der Liberty Arcade befindet sich eine Walk In-Attraktion der besonderen Art: Hinter einem Vorhang aus rotem Samt versteckt, kann man als Zaungast an der Einweihungszeremonie der New Yorker Freiheitsstatue teilnehmen. Originalbilder und -töne versetzen Besucher in das Jahr 1886 zurück, als Frankreich und Amerika durch die Schenkung der Freiheitsstatue ihre Freundschaft besiegelten.

Dapper Dan's Hair Cuts

Men Only – in *Dapper Dan's Hair Cuts*, einem Barbershop, können Männer eine Auszeit der besonderen Art genießen. In dem stilecht eingerichteten Laden bekommen Kunden einen neuen Haarschnitt verpasst und können sich auf traditionelle Weise rasieren lassen.

Die Leistungen sind kostenpflichtig. Leider sind Terminvereinbarungen nicht möglich. Die Öffnungszeiten sind unregelmäßig; am besten einfach vorbeischauen.

Neben dem Haupteingang befindet sich ein weiterer Eingang in der Ecke des riesigen Souvenirladens *Emporium*.

Tipp: In ruhigen Momenten kann man oberhalb des Barber-Shops sogar die Steppschritte aus den Räumen der Stepptanz-Schule hören.

Restaurants

Walt's – An American Restaurant (À-la-carte-Restaurant)

Als Hommage an den Vater von Micky Maus dient das *Walt's – An American Restaurant*, das beste Lokal am Platz in direkter Lage auf der MainStreet U.S.A.®. Hier werden in noblem Ambiente klassische amerikanische Spezialitäten (u.a. Steaks) serviert.
Bereits der Empfangs- und Wartebereich im Erdgeschoss ist sehenswert: Dort stehen neben einem Klavier und einer echten Laterna Magica einige Repliken von Privataufnahmen Walt Disneys. Das Restaurant selbst befindet sich im ersten Stock. Am Fuß der Treppe grüßt Walt Disney in Form einer Büste. Der barrierefreie Zugang ist über einen historischen Fahrstuhl gewährleistet.

Tipp: Von den Tischen am Fenster aus hat man einen einmaligen Blick auf das Treiben auf der MainStreet U.S.A.®. Besonders zur Parade lohnt es sich, nach einem Tisch am Fenster zu fragen.

Plaza Gardens Restaurant (Buffetrestaurant)

In viktorianischem Ambiente bietet das *Plaza Gardens* Essen für jeden Geschmack und Hunger. Das Angebot reicht von zahlreichen Fleisch- und Fischgerichten über Pasta und Pizza sowie wirklich leckere Desserts.

Das Buffet kostet 34,99 Euro für Erwachsene (17,99 Euro für Kinder) und beinhaltet auch die Getränke.

Tipp: Im *Plaza Gardens* wird Frühstück mit Disney®-Charakteren angeboten. Der Besuch verschiedener Figuren am Tisch und tolle Fotos sind garantiert, jedoch kostet das Frühstück 39 Euro pro Person. Aber es lohnt sich!
Aufgrund des dauerhaft großen Besucherandrangs wird ganztägig eine Reservierung empfohlen; für das Frühstück mit Disney®-Charakteren muss vorab reserviert werden: Entweder direkt bei der Buchung oder ab drei Tage im Voraus über die Telefonnummer +33 160304050.
Tipp: Das Plaza Gardens ist nach Meinung der Autorin und ihrer Familie das Restaurant mit dem besten Preis-Leistungsverhältnis im ganzen Park.

Casey's Corner (Schnellrestaurant)

In *Casey's Corner* dreht sich alles um Baseball, *den* amerikanischen Nationalsport. Da Hot Dogs das klassische Essen in amerikanischen Baseball-Stadien ist, bietet das Schnellrestaurant fast ausschließlich Hot Dogs an, jedoch in verschiedenen Varianten. Das Restaurant ist mit unzähligen Baseball-Memorabilien früherer Baseball-Stars dekoriert.

Market House Deli (Schnellrestaurant)

Das *Market House Deli* bietet leckere Sandwichs wie den französischen Sandwichklassiker Croque Monsieur (Schinken und zerlaufener Käse), Wraps und Salate an. Das Interieur ist einem New Yorker Feinkostladen der 20er Jahre nachempfunden. Bei Klaviermusik wird man in eine andere Zeit versetzt – und kann nachempfinden, wie es sich im frühen New York angefühlt haben mag.

Fun Fact: Stellen Sie sich an einen der uralten Fernsprecher im *Deli* – dort kann man den Telefongesprächen der Nachbarn lauschen, ganz so wie damals, als sich die Wohnungen eines Mietshauses einen Telefonanschluss teilten und man darauf warten musste, bis der Nachbar fertig mit Telefonieren war. Heute bietet sich das *Market House Deli* als perfekter Platz für *People Watching* an – und für die tägliche Parade.

Victoria's Home-Style Restaurant (Imbiss)

Hinter *Victoria's Home Style Restaurant* verbirgt sich eine Bar, in der neben saisonal wechselnden Snacks und Heißgetränken auch äußerst leckere Milkshakes sowie alkoholhaltige Getränke ausgeschenkt werden. Letzteres ist eine Besonderheit im Park.
Die dem Speiseraum einer Pension nachempfundene Bar lädt zum Verweilen ein und ist immer gut besucht, was auch an der gemütlichen Inneneinrichtung liegt.

Fun Fact: Aus der Etage oberhalb des Speiseraums kann man die Pensionsgäste hören, wenn es nicht allzu laut ist.

The Gibson Girl Ice Cream Parlor

Als eine von zwei Eisdielen im Disneyland® Park bietet der *Gibson Girl Ice Cream Parlor* Eisspezialitäten an – in diesem Fall das legendär gute Eis von *Ben & Jerry's*. Einziger Wermutstropfen: Insbesondere bei schönem

Wetter bilden sich lange Schlangen entlang derMainStreet U.S.A.®, die den *Gibson Girl Ice Cream Parlor* schon von Weitem ankündigen. Aber das Warten lohnt sich.

Coffee Grinder Coffee Shop

Wer auf der Suche nach Kaffee und süßen Snacks ist, wird im *Coffee Grinder Coffee Shop* fündig. Der Straßenverkauf ist insbesondere während des Wartens auf Paraden sehr beliebt – leicht zu erkennen an der langen Schlange. Außerdem wird hier schon früh morgens Kaffee ausgeschenkt – eine Seltenheit im Park.

Cable Car Bake Shop

Der *Cable Car Bake Shop* entführt Gäste bei leckeren Süßigkeiten wie Muffins, Cupcakes, Cookies und Donuts sowie herzhaften Snacks nach San Francisco, der Heimat der legendären Cable Cars.

Best of Souvenirs / Shopping

- *Emporium* – ein schier niemals endendes Angebot an Souvenirs, das sich über einen kompletten Block erstreckt Weiter geht's mit *Lilly's Boutique* und *Disney® & Co*
- *Harrington's* – eine feine Auswahl an Figuren, Kunst und Schmuck – und Schmuck von Pandora®
- *Bixby Brothers* – Weihnachtsaccessoires, so weit das Auge reicht und durch alle Jahreszeiten hinweg.

Spezialtipps / Wissenswertes

Wer genauer hinschaut, dem offenbaren die Häuserfassaden entlang derMainStreet U.S.A.® nicht nur Hinweise auf die Familie von Walt Disney, sondern auch auf eine von Zeit zu Zeit rauchende Kaffeetasse, die Werbung für den *Coffey Grinder Coffee Shop* macht. Außerdem sind dort (fiktive) Geschäfte und Arztpraxen untergebracht. Bei geringem Besucherandrang kann man sogar hören, was dort gesprochen wird.

Tipp: Wer Zeit und Weg sparen möchte, für den lohnt es sich, neben dem Ausgang der Liberty Arcade nach links in einen eher unscheinbaren Stollengang einzubiegen. Außer Mitarbeitern des Parks trifft man dort in der Regel nur auf einen leeren Gang, der auf direktem Weg ins Frontierland und somit schneller zur Bergbahn *Big Thunder Mountain* führt. Also nichts wie los, stürzen Sie sich ohne Umwege ins Abenteuer!

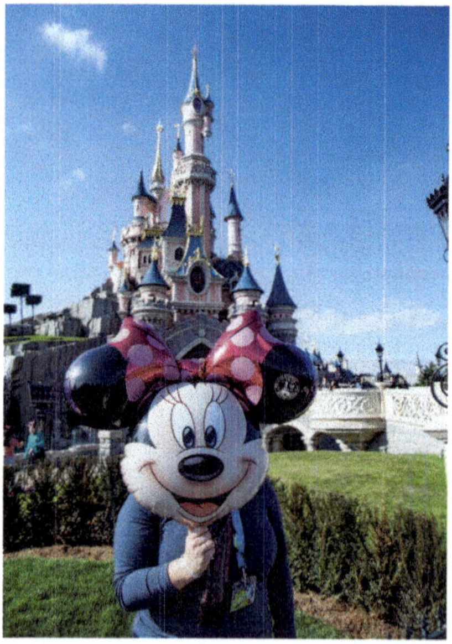

Baby Care Center (neben Plaza Gardens-Restaurant)

Im *Baby Care Center* ist alles für die kleinsten Gäste vorbereitet: Eltern können Flaschen wärmen, in Ruhe ihren Nachwuchs füttern oder Windeln wechseln. Außerdem kann Babynahrung erworben werden.
Babynahrung kann übrigens auch in vielen Restaurants erhitzt werden (z.B. im *Chalet de la Marionette* und im *Fuente del Oro*).

Frontierland

Lassen Sie sich im Frontierland von Geistern, Cowboys und Indianern in den Wilden Westen entführen! Die Goldgräberstimmung im Wild West-Städtchen *Thunder Mesa* ist allgegenwärtig und lädt zum Erkunden einer längst vergangenen Zeit ein.
Ein absolutes Muss ist eine Fahrt mit der Bergbahn *Big Thunder Mountain*, die Besucher mit auf eine rasante Fahrt durch verlassene Bergwerksstollen nimmt.
Vom Schicksal der Minenarbeiter nach Schließung der Minen kann man sich im *Phantom Manor* überzeugen – und wenn zu guter Letzt genug Energie übrig ist, kann der Nachwuchs in *Frontierland Playground* noch eine Runde Cowboy und Indianer spielen. Howdy ho!

Tipp: Für einen tollen ersten Überblick über das Frontierland bietet sich das (auch für große Cowboys interessante) *Fort Comstock* an, das gleichzeitig als Eingangsbereich fungiert.

Attraktionen

Phantom Manor

Das dem Anwesen aus dem Film *Psycho* nachempfundene Geisterhaus ist weit mehr als eine *normale* Geisterbahn: Das Anwesen der Familie Ravenswood beherbergt gefühlt 999 Geister, die ihr Möglichstes tun, um den Gästen ein schaurig-herzliches Willkommen zu bereiten. Dabei ist kaum etwas so, wie es auf den ersten Blick zu sein scheint. In jedem Fall macht Phantom Manor seinem Ruf als *Haus der Geister und Illusionen* alle Ehre und erzählt die Familiengeschichte der Ravenswoods.

Lassen Sie sich beim Verlassen von *Phantom Manor* einen Spaziergang über den angeschlossenen Friedhof nicht entgehen. Die Inschriften der Gräber sind allemal einen Blick wert – Herzschlag aus einem der Gräber inklusive!
Wer sich traut über den Friedhof zu gehen, wird mit einem tollen Blick über den See und auf Big Thunder Mountain belohnt.

Tipp: Betrachten Sie sich Phantom Manor beim Warten einmal genau. Einer der Fensterläden bewegt sich. Ob die Geister entweichen wollen?

Fun Fact: Im Zuge einer umfangreichen Sanierung wurde die Stimme von Vincent Price, einem Darsteller aus Horror-Filmen, der in Fankreisen Kultstatus erreicht hat, in die Attraktion integriert. Die Aufnahme stammt bereits aus dem Eröffnungsjahr 1992, wurde jedoch bis dato nie verwendet. Digitally remastered, wird sie nun sogar zweisprachig eingesetzt.

Thunder Mesa Riverboat Landing

Die beiden Schaufelraddampfer *Molly Brown* und *Mark Twain* ziehen gemächlich ihre Kreise über den idyllisch gelegenen See und laden zu einer entschleunigten Fahrt ein. Bei fast jedem Wetter lohnt sich einen Platz an Deck, um die Bergwelt des Grand Canyons zu bewundern. Die tiefe Stille wird nur gelegentlich von Schreien waghalsiger Abenteurer unterbrochen, die den Wilden Westen gerade mit der Achterbahn *Big Thunder Mountain* erkunden.

Gut zu wissen: Der Schaufelraddampfer *Molly Brown* wurde nach einer amerikanischen Frauenrechtlerin benannt, die das Titanic-Unglück überlebte und fortan als die *unsinkbare Molly Brown* in die Geschichte einging.

In zahlreichen Titanic-Verfilmungen wurde ihr besondere Aufmerksamkeit zuteil. Die *Molly Brown* bietet insgesamt 350 Personen Platz.
Die *Mark Twain*, deren Namenspate der bekannte Schriftsteller ist, befindet sich leider bis auf Weiteres im Dock und muss in großem Stil überholt werden. Während der Fahrt mit der *Molly Brown* kann man einen kurzen Blick auf die *Mark Twain* erhaschen, die 2020 wieder einsatzbereit sein soll.

Tipp: Die beste Aussicht hat man auf dem obersten Deck in der Spitze des Bugs. Bei schlechtem Wetter bieten Innenkabinen ein paar Plätze, die zwar komfortabel eingerichtet sind, jedoch keinen Ausblick bieten. So verpasst man unter anderem die Schwefelquellen und Geysire auf den Sinterterrassen kurz vor Phantom Manor oder den Angler *Catfish Joe* mit seinem bellenden Hund.

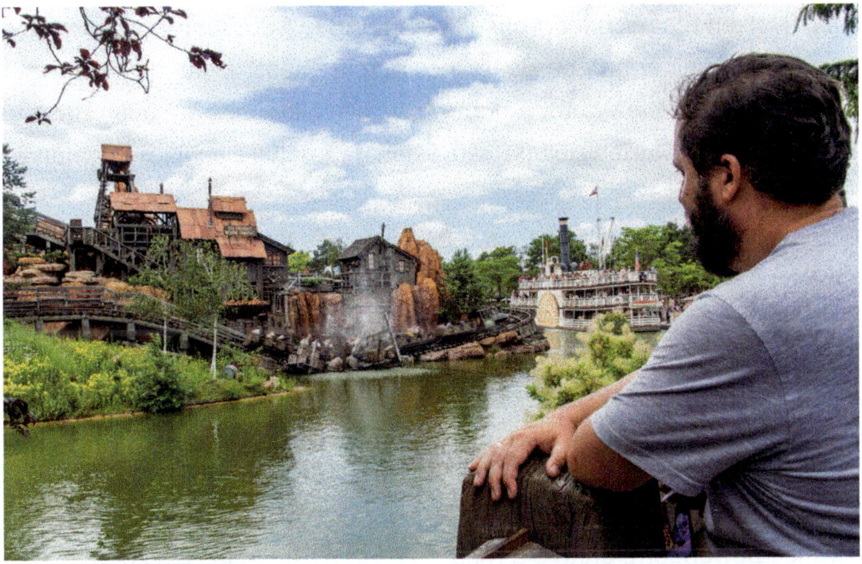

Big Thunder Mountain und der Schaufelraddampfer *Molly Brown*

Rustler Roundup Shootin' Gallery

Gegen Aufpreis können hier kleine und große Cowboys das Schießen üben – gut geeignet zur Entspannung zwischendurch.

Big Thunder Mountain

Halten Sie sich gut fest auf der Fahrt mit der rasanten Bergachterbahn *Big Thunder Mountain*, dem *wildest ride in the wilderness*!
Unter dem *River of the far West* hindurch fahren Sie in Loren zum gegenüberliegenden Ufer, vorbei an Lagern der Minenarbeiter und mitten hinein in eine Sprengung. Doch keine Bange, zwischendurch können Sie die Ruhe und Abgeschiedenheit des *Rio Grande* im Schnelldurchlauf erleben.

Tipp: Nutzen Sie nach Möglichkeit einen FASTPASS. An dieser Attraktion ist aufgrund seiner großen Beliebtheit durchgehend mit langen Wartezeiten zu rechnen. Die Wartezeit kann man sich allerdings gut beim Bestaunen der sehenswerten Anlage vertreiben. Irgendwo zischt und dampft es immer.
Für geräuschempfindliche Gäste empfiehlt es sich, während der Fahrt Ohrstöpsel zu tragen.

Frontierland Playground

Der am Wasser gelegene Spielplatz bietet Spielgeräte für kleine Indianer und Cowboys. Eltern können währenddessen die Landschaft des Rio Grande bewundern, ohne die Kinder aus den Augen lassen zu müssen.

Fun Fact: Eine Felsformation des Big Thunder Mountains ist dem Königsfelsen aus *König der Löwen* nachempfunden – entdecken Sie ihn?

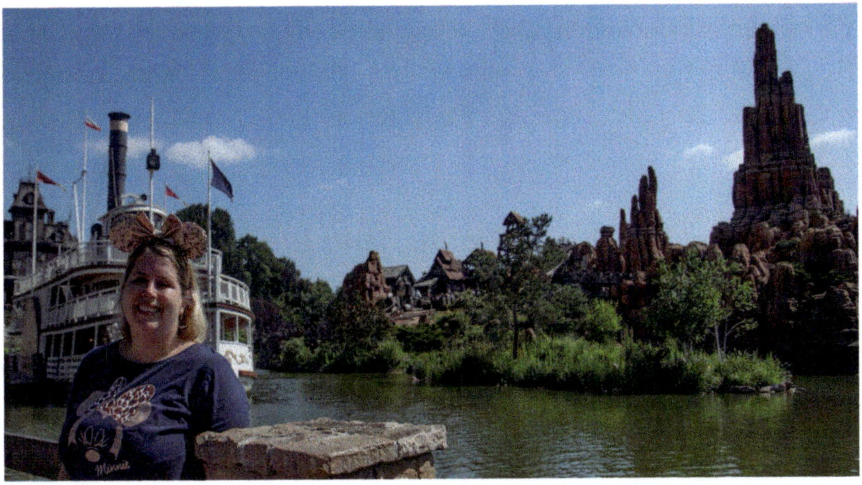

Big Thunder Mountain und der Schaufelraddampfer *Molly Brown*

Frontierland Theater

Im *Frontierland Theater* werden saisonal wechselnde Themenshows aufgeführt. Die Shows zeichnen sich durch ein hohes Maß an Unterhaltungsfaktor und Professionalität aus und bieten Spaß für die ganze Familie. Die jeweils aktuelle Show kann dem Programmplaner entnommen werden.

Seit Sommer 2019 erstrahlt das Theater in neuem Glanz. Das bislang offen gehaltene Theater wurde größer und moderner wieder aufgebaut und durch einen klimatisierten Bau ersetzt, das seit dem Umbau bis zu 1.300 Gästen Platz bietet. Hierin sind auch ausreichend Plätze für Gäste mit Behinderung enthalten. Wiedereröffnet wurde das Theater mit der Show *The Lion King: Rhythms of the Pride Lands*.

Tipp: Es empfiehlt sich, rechtzeitig vor Beginn einer Show anzustehen, da sich schnell lange Schlangen bilden können. Auch der Vorplatz des Theaters ist rund um Aufführungen schnell gefüllt und von parkenden Kinderwagen und –Buggys überflutet. Wer einen (Leih-) Buggy dabei hat, sollte ihn auffällig und eindeutig markieren, da Parkangestellte die Fahrzeuge aus Platzmangel häufig umstellen müssen.

Disneyland Railroad – Frontierland Depot

Der erste Stopp der Disneyland Railroad nach dem Bahnhof *MainStreet Station* ist im Frontierland. Der Eingang zum Bahnhof *Frontierland Depot* befindet sich rechts neben dem *Frontierland Theater*.

Tipp: Vermeiden Sie es nach Möglichkeit, diesen Zustieg zum Ende einer Show im Theater anzusteuern. Viele andere möchten den Bahnhof zu dieser Zeit ebenfalls nutzen, was deutlich längere Wartezeiten als üblich hervorruft.

Restaurants

Silver Spur Steakhouse (À-la-carte-Restaurant)

In der Tradition der großen Steakhäuser des 20. Jahrhunderts präsentiert sich das *Silver Spur Steakhouse* mit einer rustikal-mondänen Einrichtung. Der Name *Silver Spur* wird im Innendekor durch die silbrig glänzenden Sporen (silver spurs) aufgegriffen, mit denen die Lampen des Restaurants verziert sind. Die abgesenkte Raummitte, die von einem beeindruckenden Kronleuchter überstrahlt wird, mündet in einer offenen Küche.

Die dort zubereiteten Speisen glänzen bei einem sehr guten Preis-Leistungsverhältnis durchweg mit hoher Qualität der verarbeiteten Produkte. So sind nicht nur die Steaks empfehlenswert, sondern auch alle anderen Speisen.
Da das Restaurant sehr beliebt ist, empfiehlt sich eine Reservierung.

Cowboy Cookout Barbecue (Schnellrestaurant)

Wer ein echtes Cowboy-Barbecue erleben möchte, ist im *Cowboy Cookout Barbecue* richtig. In einer übergroßen Scheune werden geräucherte Leckereien wie Rippchen und Brathähnchen serviert. Regelmäßig gibt es sogar Live-Musik. Auch bei großem Besucherandrang findet sich hier in der Regel noch ein Platz, im Zweifel im Außenbereich.

Tipp: Schauen Sie sich die Stühle genauer an: Ganz untypisch unperfekt, gleicht kaum ein Stuhl dem anderen – und schafft so eine gemütliche Atmosphäre.

Fun Fact: Wenn Ihnen die Musik rund um das Cowboy Cookout Barbecue bekannt vorkommt, ist dies nicht verwunderlich. Es handelt sich um Musik von Ennio Morricone, die im Film *Zwei glorreiche Halunken* zu hören war. Die Rechte an Morricones Gesamtwerk liegen bei Disney® und kommen in diesem Themenland wirklich hervorragend zur Geltung.

The Lucky Nugget Saloon (Schnellrestaurant)

Der *Lucky Nugget Saloon* wirkt, als ob die Zeit stehen geblieben wäre. Neben Essen für jeden Geschmack (ein vegetarischer Burger ist ebenfalls im Programm) und wirklich leckeren Desserts werden regelmäßig Showeinlagen geboten. Als Special Guests geben sich mitunter Woody und Jessy aus *Toy Story* die Ehre – wenn auch nur als Marionetten. Die Spielzeiten für deren Auftritt sind am Restaurant angegeben.

Last Chance Café (Imbiss)

Das *Last Chance Café* bietet kleine Tex-Mex-Gerichte sowie Snacks (u.a. Chicken Wings und ein veganes Chili) an. Für einen Imbiss ist das *Last Chance Café* gut geeignet.

Fuente del Oro Restaurante (Schnellrestaurant)

Das Schnellrestaurant *Fuente del Oro* bietet leckeres mexikanisches Essen in einer stilechten Hacienda, die mit vielen Kunst- und Handwerksgegenständen liebevoll eingerichtet wurde. Neben Burritos gibt es als besonderes Highlight eine Live Cooking-Station für Fajitas. Auch Vegetarier kommen im *Fuente del Oro* auf ihre Kosten: Die Loaded Fries (mit Guacamole und Käsecreme garnierte Pommes Frites) sind wirklich empfehlenswert und ohne Käsesauce sogar für Veganer geeignet. Außerdem gibt es ein vegetarisches Chili.

Best of Souvenirs / Shopping

- *Thunder Mesa Mercantile Building* – hier finden Goldgräber alles, was sie für die Goldsuche benötigen, insbesondere Küchenutensilien und Kleidung, aber auch Sammlerstücke und Plüschfiguren
- *Pueblo Trading Post* – ein Mekka für Fans von Pin Trading. Geöffnet hat die *Pueblo Trading Post* regelmäßig an Wochenenden von 10-17 Uhr sowie zu Pin Trading-Events, an denen Sammler ihre Stücke zum Tausch anbieten.

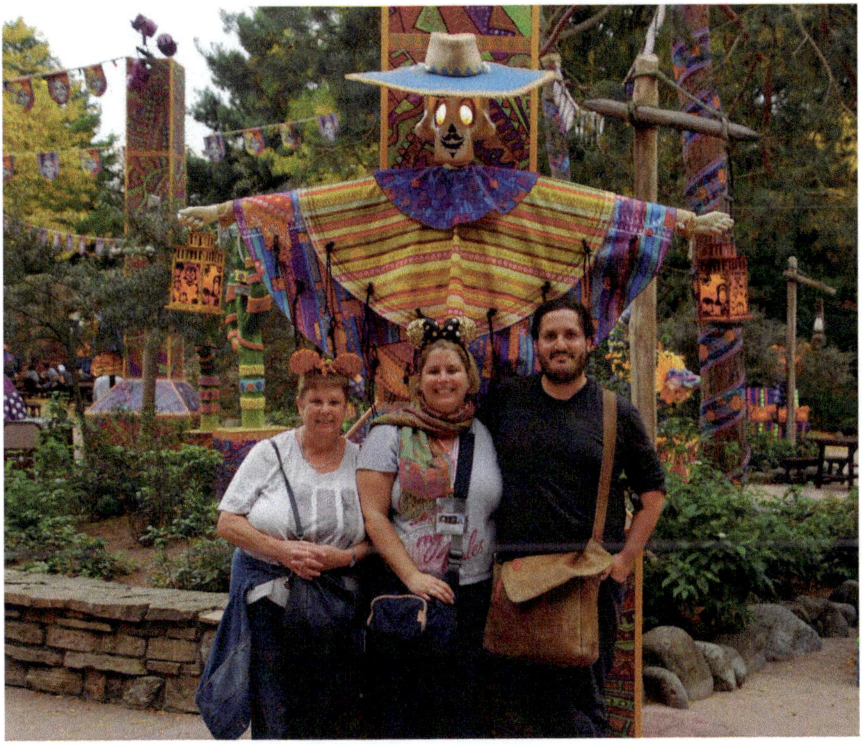

Halloween im Frontierland als Familienevent

Adventureland

Auf den Spuren von Indiana Jones™, Kapitän Hook und dem Dschungelbuch, aus Afrika bis in die Karibik – im Adventureland gibt es für kleine und große Forscher und Abenteurer allerhand zu entdecken. Erklimmen Sie das Baumhaus der Familie Robinson, um von dort aus den nächsten Schatz zu erspähen – oder rasen Sie auf den Spuren von Indiana Jones™ durch die Ruinen des *Tempels des Todes*.
Aus sicherer Entfernung können Sie den *Piraten der Karibik* dabei zuschauen, wie sie sich eine wilde Schlacht mit der Marine liefern, um danach entspannt auf den Spuren *Aladdins* durch den Bazar aus Tausendundeiner Nacht im sagenumwobenen Agrabah zu wandeln.

Attraktionen

La Cabane des Robinson

Wer hoch hinaus will, ist im *Baumhaus der Schweizer Familie Robinson* genau richtig. Auf dem Weg nach oben gibt es allerhand zu entdecken: Neben der Küche mit eingedecktem Tisch finden sich eine Bibliothek, ein Ausguck, ein hübscher Musiksalon, das Schlafzimmer der Eltern sowie das *Krähennest*, in dem die Kinder schlafen.
Beim Bestaunen der verschiedenen Räume bekommen Besucher den Eindruck vermittelt, als ob die schiffbrüchige Familie das Baumhaus nur kurz verlassen hätte und jeden Moment wieder am Tisch Platz nehmen könnte. Oben angekommen, werden Besucher mit einem grandiosen Ausblick auf die *Adventure Isle* belohnt.
Der Baum und die unzähligen Blätter sind allesamt künstlich – und sehen doch täuschend echt aus (zumindest aus der Ferne).

Hinweis: Um in das Baumhaus zu gelangen, ist es erforderlich, gut zu Fuß und trittsicher zu sein. Die Stufen sind unterschiedlich hoch und der Zugang ist nicht barrierefrei.

Sehenswert ist auch der *Ventre de la Terre*, der *Bauch der Erde*. Zwischen den kräftigen Wurzeln des Baums sind die Vorräte der Baumbewohner versteckt und kühl aufbewahrt. Geschützt werden sie von einem Labyrinth aus Wurzeln. Der Eingang befindet sich unterhalb des Baumhauses. Viel Spaß beim Entdecken und Verirren!

Fun Fact: Als Vorlage für die Attraktion dient das Baumhaus aus dem Disney®-Film *Dschungel der 1000 Gefahren* (Swiss Family Robinson) aus dem Jahr 1960. Die Schweizer Familie Robinson erleidet auf dem Weg in eine neue Heimat Schiffbruch und baut sich mit den geretteten Gütern ein Baumhaus auf einer Insel im Indischen Ozean. [10]

Pirates' Beach

Auf Kapitän Hook's Galeere steht Kindern ein ganzes Deck zum Toben und Klettern zur Verfügung. Hier können sich kleine Abenteurer nach Lust und Laune auspowern und die Abenteuer der verlorenen Jungs und Peter Pan nachspielen.

La Passage Enchanté d'Aladdin

In schön gestalteten Dioramen mit bewegten Puppen wird die Geschichte des Königs der Diebe aus 1001 Nacht, Aladdin, nacherzählt. In *Aladdins verzauberter Passage* gibt es selten Wartezeiten. Je nach Interesse und Alter nimmt der Besuch ca. fünf bis zehn Minuten in Anspruch und ist besonders für kleine Kinder interessant.

10 vgl: https://de.wikipedia.org/wiki/Der_Schweizerische_Robinson (Stand 07/ 2019)

Die als orientalische Passage gestaltete Walk In-Attraktion passt thematisch hervorragend in den wirklich sehenswerten *Adventureland Bazar*, in dem sich ansonsten hauptsächlich Boutiquen, Imbissstände sowie das Restaurant *Agrabah Café* befinden.
Hinweis: Laufen Sie nicht zu schnell durch den Torbogen und schauen Sie unbedingt nach oben: Der beeindruckende Kronleuchter im Durchgang des *Adventureland Bazar* Richtung Schloss ist ein Geschenk des saudischen Prinzen Al Waleed bin Talal, der 10 Prozent der Disneyland® Paris-Aktien hielt,[11] bis der Mutterkonzern auch diese Aktien zurückgekauft hat.

Indiana Jones™ and the Temple of Peril

Einmal auf den Spuren von Indiana Jones™ wandeln und den *Tempel des Todes* erkunden – hier werden kühne Träume Wirklichkeit! Vorbei am verlassenen Expeditionscamp des berühmtesten Archäologen aller Zeiten, gelangen mutige Entdecker direkt zum verlassenen Tempel. Im Inneren der Ruine rasen Gäste mit hoher Geschwindigkeit über ruckelige Schienen und durch einen atemberaubenden Looping. Wer die Augen offen lässt, kann am höchsten Punkt der Strecke großartige Blicke über das Parkgelände erhaschen.
Tipp: Nutzen Sie nach Möglichkeit einen FASTPASS. An dieser Attraktion ist bei hohem Besucherandrang mit langen Wartezeiten zu rechnen.

11 vgl.:https://www.handelszeitung.ch/invest/rekord-kurssprung-bei-euro-disney-wegen-kaufangebot-1339462 (Stand 10.02.2017)

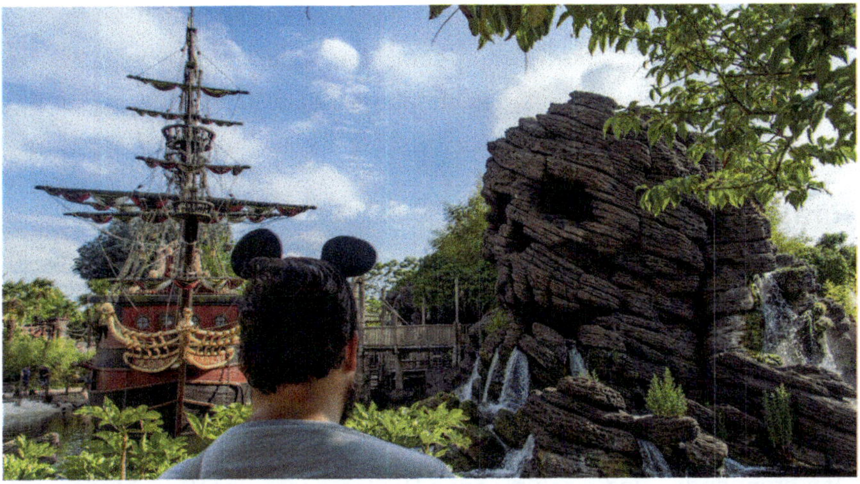

Schiff Ahoi! heißt es auf der Adventure Isle

Adventure Isle

Inmitten der Adventure Isle gelegen, bietet *Skull Rock*, der Piratenschädel, einen imposanten Eindruck. Wer *Skull Rock* betritt, muss sich seinen Ausweg durch labyrinthartige Höhlengänge auf verschiedenen Ebenen bahnen. Der Weg ist hierbei das Ziel und wer sich auf dem Weg nach draußen nicht verirrt, findet vielleicht sogar den Schatz des berüchtigten Piraten Davy Jones.

Als Basis für die Gestaltung der Adventure Isle und *Skull Rock* dienen Buch und Film *Die Schatzinsel*.

Der Haupteingang von *Skull Rock* befindet sich gegenüber dem Spielplatz auf *Kapitän Hooks Galeere*. Alternativ können Abenteurer auch den Hintereingang oder den Zugang über die Hängebrücke *Pont Suspendu* (verbotene Brücke) wählen. Fans von Hängebrücken und Geheimwegen kommen hier definitiv auf ihre Kosten. Und durch die Augen des Totenschädels hindurch hat man einen guten Ausblick über die Adventure Isle. Ein Aufstieg lohnt sich also in jedem Fall.

An dieser Walk In-Attraktion gibt es keine Wartezeiten, auch wenn *Skull Rock* bei besucherstarken Zeiten deutlicher voller ist als von außen ersichtlich. Ein Besuch dauert je nach Intensität 10-20 Minuten.

Pirates of the Caribbean

Ab in die Boote und bereit machen zum Entern! Wagemutige Landratten fahren in Booten durch die Dark Ride-Attraktion *Piraten der Karibik* und geraten mitten in ein großes Piratenabenteuer: Während die Fahrt zunächst gemächlich durch eine beschauliche Vollmond-Szenerie geht, gerät die *Besatzung* recht bald in einen waschechten Piratenangriff hinein. Den brennenden und einstürzenden Bauten gerade noch rechtzeitig entkommend, finden sie sich jedoch kurz darauf inmitten brandschatzender und plündernder Piraten wieder.
Am Ende bleibt den Piraten leider nicht mehr genug Lebenszeit übrig, um die erbeuteten Schätze auszugeben. Als Skelette bewachen sie ihre Beute und entlassen die staunenden Besucher mit einem fröhlichen Piratenlied zurück ans Tageslicht.

Hinweise: Für Klaustrophobiker ist diese Attraktion nur eingeschränkt geeignet, da man in dunklen Tunneln anstehen muss und teilweise durch dunkle Wasserstraßen fährt. Lange Wartezeiten kann man vermeiden, wenn man die Attraktion in den späten Abendstunden benutzt. Dann sind die Wartezeiten mit etwas Glück kürzer als tagsüber.

Fun Facts:
Die Attraktion *Pirates of the Caribbean* diente als Grundlage für den ersten Film der *Fluch der Karibik*-Filmreihe. Attraktion und Film sind seit Erscheinen der Filme untrennbar miteinander verbunden und erfreuen sich gleichermaßen hoher Beliebtheit. Wer genau hinschaut, kann auf dieser

*Bootstour mit Höhen und Tiefen (*Spritzwasser inklusive) Szenen aus dem Film entdecken — und sogar Jack Sparrow und andere Protagonisten der *Fluch der Karibik*-Filmreihe in Aktion erleben.
Auf jeden Fall haben die Drehbuchautoren ein hohes Maß an Kreativität an den Tag gelegt, denn selbstverständlich kann eine nur wenige Minuten dauernde Fahrt durch die Karibik keinen Stoff für die mittlerweile fünfteilige Filmreihe abbilden.
Idee und Planung für die Attraktion *Piraten der Karibik* stammen noch von Walt Disney selbst. Leider starb er, bevor seine Planung realisiert werden konnte.
Verschwörungstheorien zufolge liegt der Körper von Walt Disney übrigens tiefgefroren und gut versteckt in der *Pirates of the Caribbean*-Attraktion in Anaheim, damit er in besseren Zeiten wieder aufgetaut werden kann. Dieses Gerücht kann man jedoch höchstwahrscheinlich als sehr unrealistisch einstufen.

Restaurants

Capitain Jack's - Restaurant des Pirates (À-la-carte-Restaurant; ehemals "Blue Lagoon")

Das *Capitain Jack's* ist Teil der Attraktion *Pirates of the Caribbean* und dadurch fast schon eine eigene Attraktion.
Am Ufer eines Südsee-Strandes werden kreolische Fischspezialitäten und außergewöhnliche Fleischgerichte serviert, während Besucher der Attraktion *Fluch der Karibik* in Booten vorbeischippern.

Restaurant Agrabah Café (Buffetrestaurant)

In den verwinkelten Gassen des Marktes von Agrabah lässt es sich wie in einem Märchen aus 1001er Nacht schlemmen. Gäste des *Agrabah Café* werden mit allerlei herzhaften Fleischgerichten und süßen Köstlichkeiten der arabischen Küche verwöhnt, so dass kaum ein Wunsch offenbleibt.
Die in diesem Restaurant servierten Speisen werden nach Halal-Grundsätzen zubereitet. Für Vegetarier oder Veganer ist das *Agrabah Café* aufgrund des Speisenangebots nur eingeschränkt empfehlenswert, da die Hauptgerichte überwiegend Fleisch enthalten.
Einziger Wermutstropfen: Das Restaurant schließt oft schon einige Stunden vor der offiziellen Parkschließung.

Colonel Hathi's Pizza Outpost (Schnellrestaurant)

Während Colonel Hathi im Disney®-Klassiker *Das Dschungelbuch* die Elefantenpatrouille auf dem Weg *durch* den Dschungel anführt, führt er in Disneyland® Paris hungrige Abenteurer direkt *hinein* in diesen der Kolonialzeit entsprungenen Außenposten (Outpost). Bei Pizza, Pasta, Salaten und hin und wieder Live-Musik kommt die ganze Kompanie wieder zu Kräften.
Neben einem großen Innenbereich weist das Restaurant einen großzügigen, idyllischen Außenbereich auf.
Zum Reinhören: *Cavalry of the Steppes* der Royal Hussars

Restaurant Hakuna Matata (Schnellrestaurant)

Im *Hakuna Matata* begrüßen Timon und Pumba, die Helden aus dem Disney®-Film *Der König der Löwen*, ihre Gäste in afrikanischem Ambiente. Im Restaurant werden Fleischbällchen, Kebab, Salate und Hähnchen serviert. Sowohl der Innen- als auch der Außenbereich laden zum Verweilen ein. Hin und wieder gibt es sogar Live-Musik oder Trommler, bei denen Gäste mittrommeln dürfen.

Café de la Brousse (Imbiss)

Das *Café de la Brousse* serviert kleine Snacks für zwischendurch. Es hat hauptsächlich am Wochenende und bei großem Besucherandrang geöffnet und bietet leider nicht viele Plätze, die dafür vom Trubel der vorbeiziehenden Besuchermassen geschützt liegen. Von dort aus hat man außerdem den schönsten Blick auf das Schiff von Kapitän Hook und die Adventure Isle.

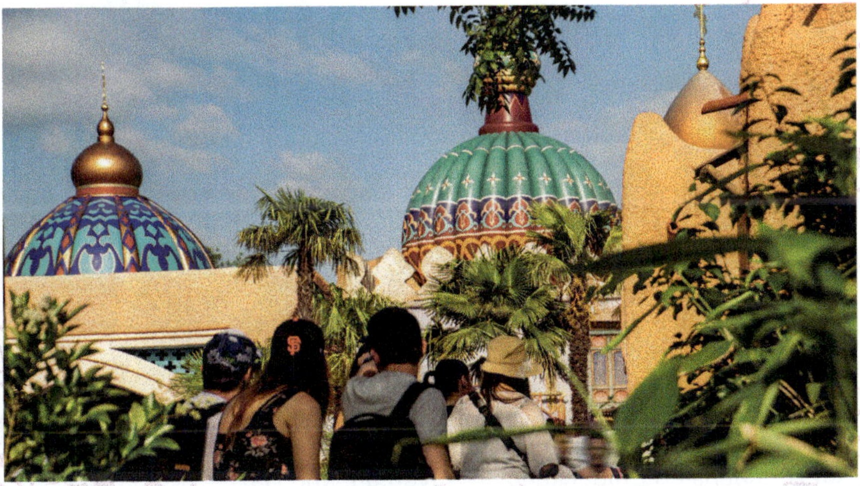

Eintauchen in die Welt der Märchen aus 1001 Nacht

Best of Souvenirs / Shopping

- *La Coffre du Capitain* – kleine Piraten, Peter Pan- und Tinkerbell-Fans können sich hier stilecht einkleiden
- *La Giraffe Curieuse* – ein kleiner, aber feiner Shop, der teilweise exklusive Produkte anbietet.

Tipp: Haben Sie sie schon entdeckt? Vom Baumhaus der Familie Robinson und vom Steg hinter der *Adventure Isle* aus kann man die Figuren *Carl* und *Russell* aus dem Film *Oben!* entdecken. Viel Spaß bei der Suche!

Außerdem treiben sich Kaa, die Schlange aus dem *Dschungelbuch,* und der Vogel Zazu aus *Der König der Löwen* ebenfalls im Adventureland herum. Diese beiden befinden sich in der Nähe des Schnellrestaurants *Hakuna Matata* – jedoch ebenfalls nur als fest montierte Figuren.

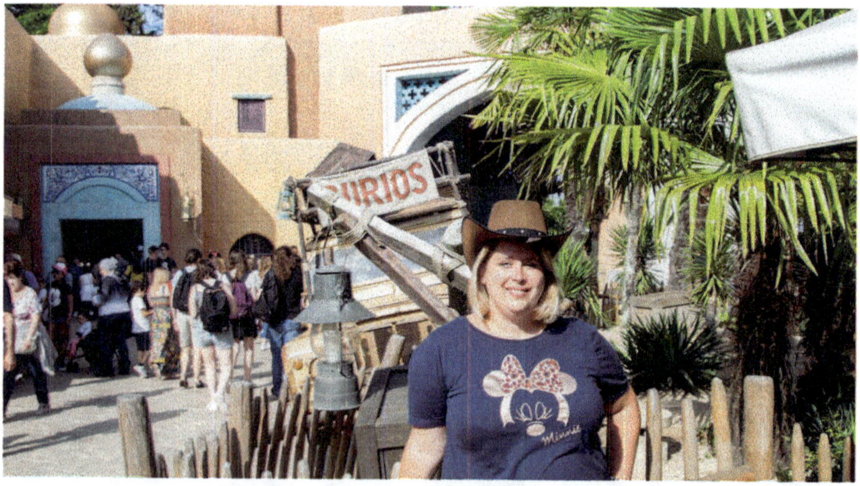

Auf zur nächsten Entdeckung im *Adventureland Bazar*

Fantasyland®

Große und kleine Fans der Disneyklassiker werden im Fantasyland® Teil ihrer Lieblingsfilme: Gruseln Sie sich mit Schneewittchen auf der Flucht vor ihrer bösen Stiefmutter und begleiten Sie Pinocchio dabei, wie er ein richtiger Junge wird. Drehen Sie eine Runde auf dem Rücken von Dumbo oder in den Teetassen des verrückten Hutmachers und seien Sie Gast im Schloss von Dornröschen. Danach nimmt Sie Peter Pan mit auf einen Flug über London und biegt mit Ihnen am zweiten Stern rechts ab Richtung Nimmerland. Und in *It's a small world* können Sie mit eigenen Augen sehen, wie klein unsere Welt wirklich ist.
Wie zum Beweis rückt Europa im Fantasyland® eng zusammen: England, Deutschland, Frankreich und Italien sind nur wenige Schritte voneinander entfernt. Dort wird den großen europäischen Autoren wie J.M. Barrie, Lewis Carrol, P.L. Travers und den Gebrüdern Grimm gehuldigt, deren große Werke von Disney® adaptiert wurden und ihren Weg in die Attraktionen gefunden haben.
Fantasyland® ist außerdem das (Themen-)Land der Burgen und Schlösser mit den meisten Türmchen: Neben dem *Sleeping Beauty Castle* sind auch das *Schloss der Herzkönigin* und die Pizzeria *Bella Notte* gut *betürmt*.

Attraktionen

Sleeping Beauty Castle

Wie baut man ein unechtes Schloss für europäische Besucher, die im Gegensatz zu vielen Amerikanern echte Schlösser kennen? Vor dieser Herausforderung standen die Macher des Parks bei der Planung des Schlosses. Die Frage war relativ einfach zu beantworten: Ein richtiges Schloss musste her. So wurde als Tribut an die traditionsreichen europäischen Burgen und Schlösser Europas davon Abstand genommen, Fiberglas als Baumaterial zu verwenden.

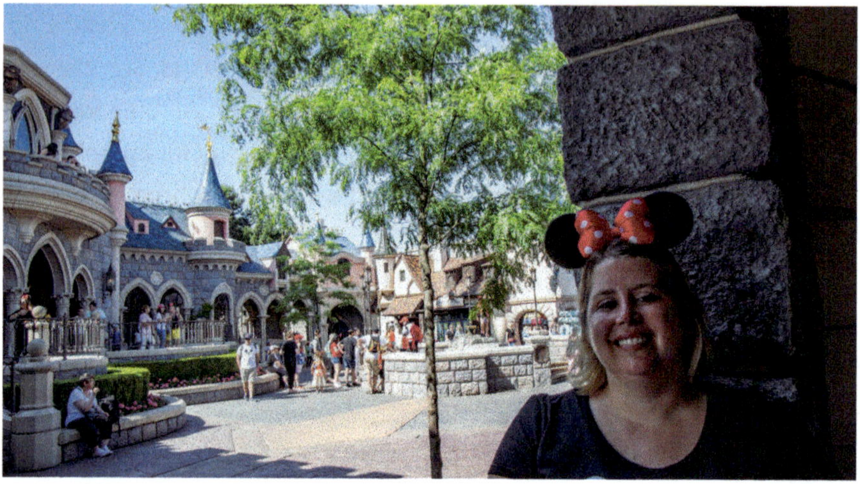

Ein Schattenplätzchen „bei Hofe"

Stattdessen wurde solides Baumaterial verwendet, um das Schloss auch wirklich echt wirken zu lassen.[12]

Bereits von der MainStreet U.S.A.® aus hat man einen tollen Blick auf das *Sleeping Beauty Castle* – das *Dornröschen-Schloss*. Das ganze

12 Vgl. Eisner, Michael D., Disney ist jeden Tag ein Abenteuer, Wilhelm-Heyne-Verlag GmbH & Co. KG, München, 1999,S. 327

Ausmaß dieses imposanten Schlosses sieht man jedoch erst, wenn man direkt davorsteht: Mit 45 Metern Höhe überragte es bis zum Bau des Freefall-Towers im Walt Disney Studios® Park alle anderen Attraktionen in Disneyland® Paris.
Im Erdgeschoss des Schlosses befinden sich zwei Shops:
Die *Boutique du Chateau* bietet ganzjährig Weihnachts- und Hochzeitsaccessoires, während *Merlin L'Enchanteur* feinste Glasarbeiten führt. Mit etwas Glück kann man sogar einen Glasbläser bei der Arbeit beobachten.
Im der oberen Etage des Schlosses wird die Geschichte von Dornröschen erzählt. Hier tragen Bäume anstelle von Säulen und Bögen das Dach, funkelnde Äste schaffen eine romantische Atmosphäre. Wer nach so viel Romantik an die frische Luft muss, kann vom Balkon aus das gesamte Fantasyland® überblicken – es lohnt sich.
Abends ist das Schloss mit seinen vielen großen und kleinen an der Spitze vergoldeten Türmen wunderschön beleuchtet und bietet als Leinwand Platz für das allabendliche Spektakel.
Nach Meinung der Autorin ist das Pariser Disney®-Schloss das schönste Schloss aller Disney®-Resorts weltweit.

La Tanière du Dragon

Im Kellergewölbe des Schlosses spuckt ein in Ketten gelegter, gruselig-schauriger Drache Dampf – um kurz darauf wieder in einen dämmerigen Schlaf zu verfallen. Doch Achtung, es kann jederzeit wieder losgehen und die von Schwefel geschwängerte Luft wird wieder vom Grollen des übellaunigen Drachen erfüllt!
Die Grotte des Drachen erreicht man entweder über den Shop *Merlin L'Enchanteur* (Merlin, der Zauberer) oder durch verschiedene Eingänge auf der Westseite des Schlosses.

Tipp: Kleine Kinder könnten sich gruseln, denn der Drache sieht wirklich echt aus und in der Höhle ist es sehr dunkel.

Excalibur

Für kleine und große *Drachentöter* empfiehlt es sich, vor einem Besuch in der Drachenhöhle das berühmte Schwert *Excalibur* aus dem Stein zu ziehen. Wenn es der junge König Artus nicht gerade herausgezogen hat, ist es hinter dem Schloss zu finden. Viel Erfolg!

Blanche-Neige et les Sept Nains®

In Loren für vier Personen begibt man sich auf die Reise, um das Abenteuer von Schneewittchen und den sieben Zwergen mitzuerleben. Während es im Haus der sieben Zwerge beschaulich beginnt, wird es danach schnell gruselig. Die Fahrt führt durch einen dunklen Wald und furchteinflößende Sümpfe hindurch, hinter (fast) jeder Biegung lauert die böse Stiefmutter. Bekanntermaßen gibt es ein Happy End, jedoch sollten Sie berücksichtigen, dass sich kleine Kinder ängstigen könnten.

Tipp: Schauen Sie genau hin: Aus dem höchsten Fenster des Hauses schaut von Zeit zu Zeit die böse Stiefmutter herab. Ob sie sich wohl über all die gut gelaunten Besucher ärgert?

Les Voyages de Pinocchio

Die kleine Holzpuppe Pinocchio kann das Lügen einfach nicht lassen – und wird dafür mit einer stetig wachsenden Holznase und haarsträubenden Situationen bestraft. Die Besucher bekommen all dies hautnah mit.

In Wagen für sechs Personen geht die Fahrt zunächst durch Gepettos Werkstatt, in der alles beginnt. Leider gerät Pinocchio an die falschen Freunde und landet in einem poppig-bunten Vergnügungspark, in dem die feierwütigen Jungs zur Bestrafung in Esel verwandelt werden. Als wäre das nicht schlimm genug, wird Pinocchio auch noch von einem Wal verschluckt.
Doch Jimney, die Grille, begleitet die Besucher sicher durch das Abenteuer und zu dem bei Disney® obligatorischen Happy End.

Le Carrousel de Lancelot

Aufsteigen und losfahren – viel mehr ist nicht nötig, um ein paar Runden auf dem *Karussell von Lanzelot* zu drehen. Für jedes Alter und jede Größe ist eine Mitfahrgelegenheit vorhanden. Vom kleinen Pony bis zum großen Streitross kann man sich entweder ein Pferd aussuchen oder einfach ganz bequem in einer Kutsche Platz nehmen – und das bei traumhafter Film-Musik aus Disney®-Klassikern.

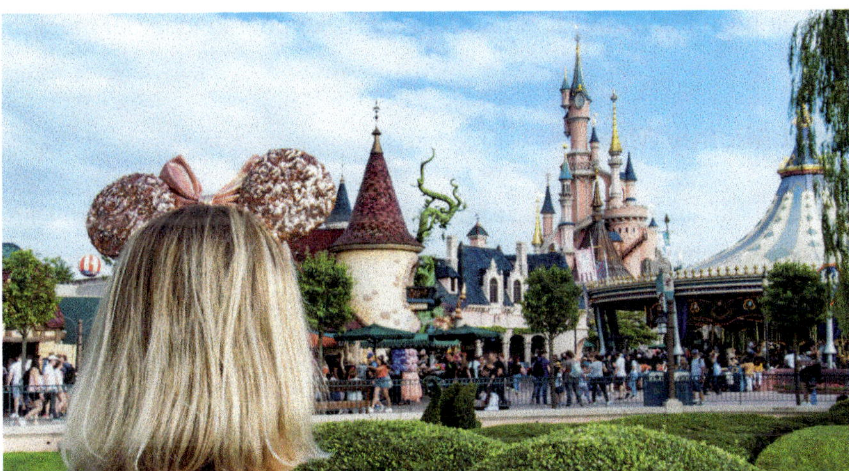

Das *Karussell von Lanzelot* mit dem Schloss im Hintergrund

Peter Pan's Flight

Nie erwachsen werden – was auf den ersten Blick unrealistisch erscheint, wird hier möglich. Mit der Hilfe von Feenstaub (Pixie Dust) fliegen Sie in kleinen Piratenschiffen hinter Peter Pan her und über das nächtliche London hinweg. Am zweiten Stern rechts biegen Sie ab, in den Sternenhimmel hinein und mit kleinen Umwegen ins Nimmerland. Dort können Sie Meerjungfrauen entdecken und Peter Pan dabei zuschauen, wie er Kapitän Hook (wieder einmal) besiegt und dieser vom Krokodil Ticktack geschnappt wird.

Tipp: Nutzen Sie nach Möglichkeit einen FASTPASS. An dieser Attraktion ist aufgrund seiner großen Beliebtheit durchgehend mit langen Wartezeiten zu rechnen.

Disneyland Railroad – Fantasyland® Station

Zwischen dem Restaurant *Toad Hall* und der *Festival Stage* befindet sich der Eingang zur *Fantasyland® Station*, an der die *Disneyland Railroad* hält. Je nach Kapazität ist ein Zustieg schneller oder langsamer möglich.

Meet Mickey Mouse

Vorhang auf: Im *Festival-Stage* kann man Micky Maus, *den* Disney®-Charakter schlechthin, aus der Nähe sehen und in seiner Garderobe treffen. Dies ist tatsächlich etwas Besonderes, denn es wird aus Gründen der Authentizität darauf geachtet, dass es wirklich nur eine Micky Maus im ganzen Ressort zu sehen gibt. Denken Sie an ein Erinnerungsfoto!

Dumbo the Flying Elephant

Dank einer magischen Feder kann Dumbo fliegen – und nimmt seine Gäste mit auf einen Outdoor-Rundflug über das Fantasyland®. Die Elefanten drehen sich im Kreis und können nach oben und unten bewegt werden. Ein Elefant bietet bis zu zwei Erwachsenen mit Kind Platz.

Alice's Curious Labyrinth

Bahnen Sie sich einen Weg durch das verrückte Labyrinth und erklimmen Sie als Belohnung das (zum Glück übersichtlich kleine) Schloss der bösen Herzkönigin.

Wer es auf den Turm des Schlosses geschafft hat, wird mit einem tollen Blick über das Fantasyland® hinweg belohnt. Außerdem können Sie den Weg zurückverfolgen und schauen, wo Sie in die Irre geführt wurden. Haben Sie unterwegs den Thron der Herzkönigin entdeckt?

Fun Fact: Mit den Realverfilmungen von Tim Burton erlebte der Disney®-Klassiker *Alice im Wunderland* einen Aufschwung – und war in Disneyland® Paris doch schon immer überaus beliebt.

Mad Hatter's Tea Cups

Der verrückte Hutmacher lädt zu einer seiner berühmt-berüchtigten Teepartys ein – und die Teetassen drehen durch!

In dem wunderschön gestalteten Teepavillon rotieren Teetassen in wilden Kreisbewegungen auf einem Tablett; zusätzlich können die Tassen mit der Hand und eigener Kraft schneller gedreht werden. Also nichts wie einsteigen und durchdrehen!

Tipp: *March Hare Refreshments* zwischen Alice‘ Labyrinth und den Teetassen bietet kleine Snacks und Erfrischungen an. Sehenswert ist die Teekanne neben der reetgedeckten Hütte, die von Zeit zu Zeit dampft und den Deckel hebt. Wer da wohl hervorlugt?

Casey Jr. – le Petit Train du Cirque

Im weitesten Sinne von Dumbo, dem im Zirkus geboren Elefantenbaby, inspiriert, ist *Casey Jr. – le Petit Train du Cirque* eine auf die Ansprüche von Kindern ausgerichtete Achterbahn. In bunten Zirkuswagen drehen Fahrgäste durchaus rasant zwei Runden um ein Miniaturschloss herum. Dabei wird auch das Feenland gekreuzt.
Ein toller Blick auf die dortige Miniatur-Märchenwelt ist garantiert!
Im Winter ist die Attraktion zeitweise geschlossen.

Le Pays des Contes des Fées

In Booten fährt man gemächlich durch eine Miniaturwelt, in der neben Disney®-Klassikern auch europäische Märchenklassiker wie *Peter und der Wolf* einen Platz gefunden haben. An jedem einzelnen Ufer gibt es etwas Neues zu entdecken. Bereits die ersten Klänge Musik kündigen an, welches Märchen als nächstes in Sichtweite kommt. Wer errät es zuerst? Hin und wieder rast *Casey Jr.* mit seinen Zirkuswagen vorbei und auch die *Disneyland Railroad* lässt sich regelmäßig blicken – diese Attraktion bietet mehr, als es den ersten Anschein hat.

Tipp: Besonders viel Spaß macht die Attraktion im Frühjahr und Sommer, wenn Entenfamilien die Märcheninstallationen als Ruheplatz nutzen.

Selbst die kleinsten Küken wirken dabei plötzlich wie Riesen und lassen die eigentliche Attraktion fast zur Nebensache werden.
Im Winter ist die Attraktion zeitweise geschlossen.

It‘s a small world

In dieser quietschbunten, poppig-fröhlichen Welt fungieren Puppen als Botschafter der verschiedenen Länder. Besucher fahren in Booten in familientauglicher Geschwindigkeit durch die Länder dieser Welt und kommen dabei aus dem Staunen und Entdecken nicht heraus. Der allgegenwärtige, namensgebende Titelsong *It’s a small world* garantiert gute Laune und wird zu einem Ohrwurm, während das eine oder andere landestypische Klischee mit einem Augenzwinkern bedient wird. Viel Spaß beim Erraten der Länder!

Fun Facts:

- *It’s a small world* wurde ursprünglich für die 1964/65 in New York stattfindende Weltausstellung entwickelt. Aufgrund seiner dortigen großen Beliebtheit wurde die Attraktion nach Kalifornien gebracht und 1966 im dortigen Disneyland® Park wiedereröffnet. Mittlerweile findet sich in jedem Disney®-Resort weltweit eine adaptierte Version der Attraktion
- 2014 feierte *It’s a small world* 50jähriges Jubiläum – und wurde dafür ausgiebig gefeiert, nicht zuletzt am Times Square in New York
- In der Weihnachtszeit wird die Attraktion leicht umgestaltet und erscheint im weihnachtlichen Glanz – selbst der einprägsame Titelsong wird weihnachtlich eingefärbt
- Alle fünfzehn Minuten startet ein Glockenspiel im höchsten Turm - ein sehenswertes Schauspiel.

Princess Pavilion

Der *Princess Pavilion* ist der Ort mit der höchsten Prinzessinnendichte im ganzen Park – ein Ort, an dem Mädchenträume wahr werden.
Während die Prinzessinnen sonst hauptsächlich während der Parade oder auf der *Royal Castle Stage* zu bewundern sind, kann man den Prinzessinnen hier deutlich näherkommen.
Im Voraus steht nicht fest, welche Prinzessinnen zur Audienz bereitstehen. Am Tag selbst ist der Name der beiden Prinzessinnen mit Angabe der Uhrzeit außen am Pavillon angeschlagen.

Tipp: Am *Princess Pavilion* bilden sich oft lange Schlangen, was zu langen Wartezeiten führen kann. Daher sollten Sie sich möglichst direkt während der Extra Magic Hours anstellen, auch wenn im *Princess Pavilion* erst zur regulären Parköffnung Gäste empfangen werden.

Royal Castle Stage

Auf der *Schlossbühne* wird mehrmals am Tag eine Show aufgeführt. Das Thema der Show und die Showzeiten können dem separaten Programmplaner entnommen werden.
Es lohnt sich, rechtzeitig vor Beginn der Show einen Platz zu suchen. Die vordersten Reihen bekommen tolle Einblicke und sehen die Figuren beim Abgang von der Bühne aus direkter Nähe.

Restaurants

Auberge de Cendrillon (À-la-carte-Restaurant)

Für das perfekte Prinzessinnen-Erlebnis kann man in der *Auberge de Cendrillon* mit gekrönten (Disney®-)Häuptern speisen. Ein einmaliges Erlebnis mit hohem Erinnerungswert für Groß und Klein, das allerdings nicht ganz billig ist: Erwachsene zahlen 77 Euro und Kinder 45 Euro für das Menü (exklusive Getränke; Stand 06/2019).

Au Chalet de la Marionnette (Schnellrestaurant)

Alpen-Atmosphäre im Disney®-Stil erwartet Sie in der Almhütte der Marionette Pinocchio. Neben Hähnchen und einem bajuwarischen Hotdog erwarten Sie Burger im wirklich großzügig bemessenen Gastraum. Wenn alle anderen (Schnell-)Restaurants belegt sind, findet sich hier oftmals noch ein Plätzchen — wenn auch mit Geduld und Glück.
Tipp: Für das Essen der Kleinsten steht eine Mikrowelle bereit.

Pizzeria Bella Notte (Schnellrestaurant)

Wollten Sie schon immer Spaghetti wie Susi und Strolch essen? Dann sind Sie hier richtig. Die Pizzeria *Bella Notte* bietet typisches italienisches Fastfood in rosa Italo-Ambiente – natürlich auch die legendären Spaghetti mit Fleischbällchen.

Direkt nebenan befindet sich die Eisdiele *Fantasia Gelati.* Hier werden Eisspezialitäten von Carte D'Or angeboten.

Toad Hall Restaurant (Schnellrestaurant)

Passend zum englischen Themenbereich wird in der *Toad Hall* das englische Nationalgericht Fish&Chips angeboten. Im Inneren des Restaurants, das architektonisch einem englischen Herrenhaus im Tudor-Stil nachempfunden wurde, kann man beim Essen neben porträtierten Szenen aus dem Film *Die Abenteuer von Ichabod und Taddäus Kröte* auch allerlei *krötige* Dekoelemente bestaunen.
Fun Fact: Der Name *Toad Hall* spielt auf den Disneyklassiker *Die Abenteuer von Ichabod und Taddäus Kröte an*, der wiederum vom Kinderbuchklassiker *Wind in den Weiden* inspiriert wurde.
All dies bildet die Grundlage für eine der Eröffnungsattraktionen des Disneyland® Resort Anaheim, *Mr. Toads Wild Ride,* die dort im Gegensatz zu Walt Disney World in Florida noch in Betrieb ist.

Best of Souvenirs / Shopping

- *Sir Mickey's Boutique* – bietet alles, was das Herz von Plüschtierfans begehrt
- *La Chaumière des Sept Nains* – alles, was kleine Prinzessinnen für den großen Auftritt benötigen und noch viel mehr, tummelt sich hier in mehreren kleinen Verkaufsräumen. Zwischendrin sind der Wald und die Hütte der sieben Zwerge liebevoll nachgebaut
- (Kinder-)Schminken — neben *Sir Mickey's Boutique* kann man sich schminken lassen. Es gibt eine vielfältige Auswahl für Mädchen und Jungen (Kosten ca. 15 Euro). Auch Erwachsene dürfen sich schminken lassen.

Tipps: Wenn die Besucher bei *Blanche-Neige et les Sept Nains®* Schlange stehen, kann es gut sein, dass bei *Les Voyages de Pinocchio* deutlich weniger los ist – oder umgekehrt. Ein Vergleich der Wartezeiten am Eingang lohnt immer.
Tagsüber starten in unregelmäßigen Abständen Wasserspiele vor dem Schloss – da die Zeiten nicht bekannt sind, ist es Glückssache, ob man eines der Wasserspiele sieht. Oftmals hat man zur vollen oder halben Stunde Erfolg.
Es gibt im Fantasyland® Attraktionen, bei denen kleine Gäste bevorzugt in der ersten Reihe der Fahrzeuge sitzen dürfen *(Les plus petits montent les premiers).* Entsprechende Schilder weisen darauf hin. Die Angestellten teilen die Reihen entsprechend zu.

Öffnungszeiten beachten: Das Hauptaugenmerk im Fantasyland® liegt darin, kleine Gäste glücklich zu machen. So finden sich für fast jede Altersstufe eine oder sogar mehrere interessante Attraktionen. Insbesondere der Teil mit den beiden Attraktionen *Casey Jr.* und dem *Feenland* richtet sich an die kleineren der kleinen Gäste, weswegen diese beiden Attraktionen häufig früher schließen als der Rest des Fantasyland® . Wer nun befürchtet, dass Fantasyland® nicht für Erwachsene geeignet ist, sorgt sich umsonst. Erwachsene kommen in diesem Themenbereich genauso auf ihre Kosten wie Kinder.

Discoveryland

Tauchen Sie ein in die retro-futuristische Phantasiewelt von Jules Verne zur Zeit der Pariser Weltausstellung des 19. Jahrhunderts!
Lassen Sie sich von einer Kanone in atemberaubendem Tempo ins Weltall schießen oder fahren Sie mit den Autos von *Autopia®* in die Zukunft.
Für mehr Tiefgang begeben Sie sich mit der *Nautilus* auf Tauchgang.
In der Zukunft angekommen, können Sie mit Laserkanonen in *Buzz Lightyear's Laser Blast* feuern und dabei die familieninterne Meisterschaft austragen.
Fans von Star Wars™ kommen im Discoveryland ebenfalls voll auf ihre Kosten: Sowohl die Achterbahn *Star Wars™ HyperSpace Mountain: Rebell Mission* als auch der Flugsimulator *Star Tours: The Adventures Continue* zollen dem Imperium Tribut. Möge die Macht mit euch sein!

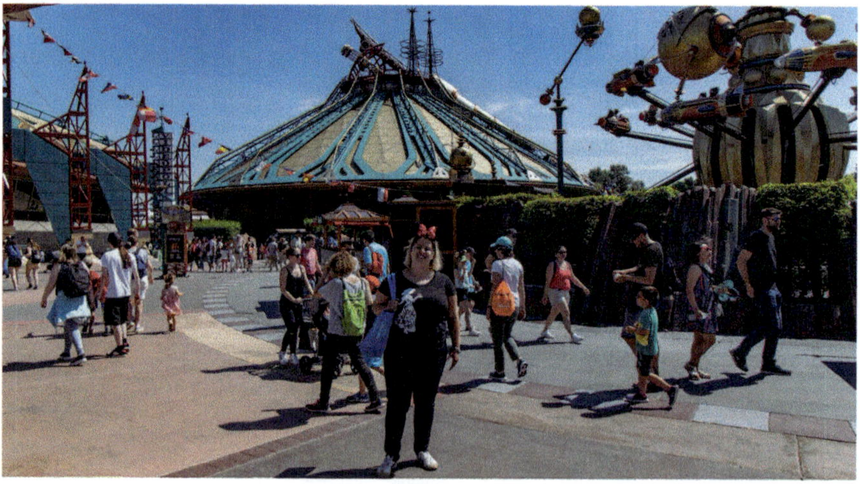

Bereit, um das Imperium zu besiegen!

Attraktionen

Autopia®

Ganz ohne Fahrerlaubnis können kleine und große Fahrer benzinbetriebene Autos durch eine Rennstrecke der Zukunft steuern. Führungsschienen halten den Kurs, steuern und Gas geben ist jedoch Aufgabe des Lenkers. Stolze und strahlende Gesichter von Kindern, die das erste Mal selbst ein Auto steuern dürfen, entschädigen für die oftmals langen Wartezeiten. Eine Fahrt dauert ca. fünf Minuten.
Gut zu wissen: Alle 66 Autos laufen mit Hybrid-Motoren. Durch den Einsatz dieser Motoren wurde der Emissionsausstoß signifikant reduziert, ohne dabei auf das einzigartige und die Attraktion ausmachende Motorengeräusch zu verzichten.

Buzz Lightyear Laser Blast

Bis zur Unendlichkeit und noch viel weiter!
Helfen Sie Buzz Lightyear, dem beliebten Spaceranger aus *Toy Story,* bei seiner Mission zur Vernichtung des bösen Zorg. Im Eingangsbereich gibt Buzz Lightyear höchstpersönlich Tipps und erklärt die Mission. In schwenkbaren Raumschiffen für zwei Spaceranger werden Ziele mit Laserpistolen abgeschossen. Diese Ziele bringen, je nach Schwierigkeitsgrad, unterschiedlich viele Punkte ein. Unterstützt werden tapfere Astronauten dabei von den Aliens des Pizza Planets.

Tipp: Nutzen Sie nach Möglichkeit einen FASTPASS. An dieser Attraktion ist aufgrund seiner großen Beliebtheit durchgehend mit langen Wartezeiten zu rechnen.

Orbitron®

In Raumschiffen, die um das Planetensystem kreisen, werden Passagiere zu Entdeckern. Ähnlich wie in *Dumbo the Flying Elephant* können sie nur in der Höhe gesteuert werden, bieten dabei aber einen großartigen Blick über das Discoveryland. Die Wartezeit kann man sich mit der Suche nach dem eigenen Sternzeichen vertreiben.

Tipp: Leider sind die Raumschiffe etwas beengt und bieten daher maximal Platz für zwei Personen.

Disneyland Railroad – Discoveryland Station

Oberhalb von *Star Tours: The Adventures Continue* befindet sich der Bahnhof *Discoveryland Station*. Je nach Kapazität ist ein Zustieg möglich. Für die Fahrt bis zur *MainStreet Station* lohnt sich ein Zustieg hier allerdings nicht mehr, falls mit Wartezeiten zu rechnen ist.

Star Tours: The Adventures Continue

Star Tours: The Adventures Continue klingt vielversprechend und ist es auch: Auf den Spuren der Jedi-Ritter werden Besucher an Bord eines *Starspeeder 1000* ordentlich durchgerüttelt und -geschüttelt, was auch daran liegen könnte, dass der Roboter *C3PO* das Steuer übernimmt.
Dank wechselnder Sequenzen aus der Star Wars*TM*-Filmwelt ist kaum ein Flug wie der andere. Auf welchen Planeten die Reise geht, bleibt bis zum Start ein Geheimnis. Dadurch wird der Flug in diesem 3D-Flugsimulator auch bei wiederholtem Besuch nicht langweilig.

Tipp: Nutzen Sie nach Möglichkeit einen FASTPASS. An dieser Attraktion ist aufgrund seiner großen Beliebtheit mit langen Wartezeiten zu rechnen.

Wer den Sith Lord *Darth Vader* persönlich kennenlernen möchte, der hat im *Starport* die Gelegenheit zur Audienz. Der Starport ist schon von Weitem durch eine X-Wing auf dem Dach sichtbar. Willkommen auf der dunklen Seite der Macht.

Discoveryland Theater

Im *Discoveryland Theater* werden regelmäßig speziell produzierte 4D-Shows aufgeführt.
Das aktuelle Programm kann dem Programmplaner entnommen werden.

Seit Winter 2018 ist Micky Maus der Star im *Discoveryland Theater*: Anlässlich seines 90. Geburtstags ist die Show *Disney's PhilharMagic* in das *Discoveryland Theater* eingezogen. Bei *Disney's PhilharMagic* handelt es sich um eine Musicalshow, die als buntes Potpourri beliebter Songs und Disneyfiguren bezeichnet werden kann. Neben Micky Maus ist auch Donald Duck in dieser Show am Start, der das Orchester jedoch gehörig durcheinander wirbelt.

Fun Facts: Das *Discoveryland Theater* beherbergte schon eine Reihe toller Shows: Die erste dort jemals gezeigte Show war Michael Jacksons *Captain EO*, ein spektakuläres Science Fiction-Abenteuer mit dem *King of Pop* in der Hauptrolle. Leider wurde *Captain EO* abgesetzt, als Michael Jackson nicht mehr populär war. Posthum wurde *Capitän EO* jedoch wieder zum Leben erweckt und für einige Zeit gespielt.

Les Mystères du Nautilus

Die Walk In-Attraktion *Les Mystères du Nautilus* entführt Besucher in das mysteriöse Reich von Kapitän Nemo aus dem Disney®-Klassiker *20.000 Meilen unter dem Meer.* Im Inneren des sagenumwobenen U-Boots *Nautilus* erfährt man allerlei Wissenswertes über das Leben an Bord und die Pläne des Kapitäns. Mitten in einem Orgelkonzert, das vom Kapitän höchstpersönlich (in Form eines Hologramms) gespielt wird, geraten Besucher in den Angriff eines riesigen Tintenfischs – zum Glück, ohne dabei nass zu werden.
Achtung: Im Inneren der *Nautilus* ist es dunkel und eng. Daher ist die Attraktion für Klaustrophobiker nur bedingt geeignet.
Kleine Kinder könnten sich fürchten.

Star Wars™ Hyperspace Mountain: Rebell Mission

Im *Hyperspace Mountain, der* Hauptattraktion des Discovery Land, werden Passagiere zu Rekruten der Rebellen-Allianz und in Lichtgeschwindigkeit ins All katapultiert – mitten hinein ins Abenteuer.
Begleitet von altbekannter Star Wars*™*-Musik rast diese Achterbahn durch die Dunkelheit, die nur hin und wieder von Lichtblitzen erhellt wird. Hier heißt es gut anschnallen und festhalten auf dem Weg durch fremde Galaxien.

Tipps: Nutzen Sie nach Möglichkeit einen FASTPASS. An dieser Attraktion ist aufgrund seiner großen Beliebtheit durchgehend mit langen Wartezeiten zu rechnen.

Fun Fact: In der nunmehr dritten Version von *Space Mountain* seit Bestehen des Parks wurde, neben technischen Verbesserungen, eine Umgestaltung der Attraktion im Sinne der Star Wars™-Saga vorgenommen. Im Zuge dieser Entwicklung ist die Attraktion nun bereits ab einer Körpergröße von 1,20 m zugänglich ist – in den früheren Versionen war eine höhere Mindestgröße erforderlich.

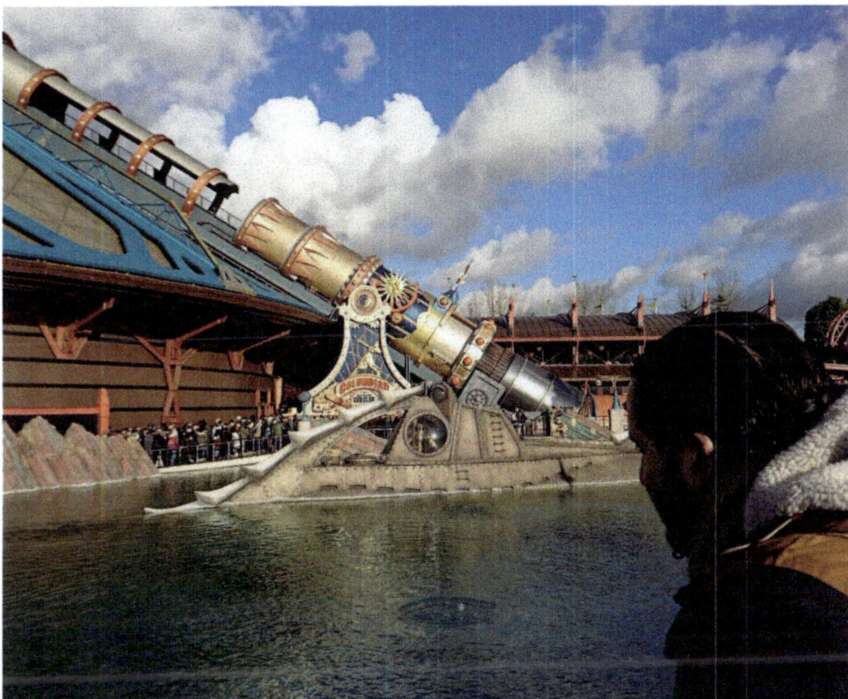

Vor *Hyperspace Mountain* taucht die *Nautilus* auf

Zwischen *Videopolis* und *Star Wars™ Hyperspace Mountain: Rebell Mission* kann man Wall-E dabei zuschauen, wie er Eve verliebte Blicke zuwirft. Ein Foto lohnt sich!

Restaurant

Café Hyperion im Videopolis (Schnellrestaurant)

Im Discoveryland gibt es neben Imbiss-Buden lediglich ein einziges Restaurant. Im *Café Hyperion* können sich Gäste Burger schmecken lassen, während auf der Bühne des *Videopolis* zeitweise Shows präsentiert werden. Das Programm kann dem Programmplaner entnommen werden.

Souvenirs / Shopping

- *Constellations* im Discoveryland – eine große Auswahl an Souvenirs (auch Toy Story und Marvel)
- *Star Traders* im Discoveryland – Star Wars™-Fans werden den Shop lieben, denn er führt alles, was das Fan-Herz begehrt.

Wissenswertes

Discovery Land früher und heute: Ursprünglich war der Themenbereich den Visionen von Jules Verne (1828-1905), *dem* großen französischen Schriftsteller und Visionär, gewidmet. In einem 360-Grad-Kino wurde Besuchern aus der Zukunft ein Besuch der Pariser Weltausstellung ermöglicht, in der Jules Vernes damals seine visionären Ideen vorstellte. Außerdem konnte man in der damaligen Version des *Space Mountain* in Anlehnung an das Werk Vernes innerhalb weniger Minuten *Von der Erde zum Mond* fliegen.

Selbstverständlich ist Wandel nie aufzuhalten und bringt oft Positives mit sich. Viele alteingesessene Fans vermissen jedoch den ursprünglichen Charakter des Themenlandes, das durch den Einzug der Disney•Pixar- und Star Wars™-Welten grundlegend verändert wurde.
Immerhin wurde die ursprüngliche Optik an einigen Stellen beibehalten und lediglich thematisch umgewidmet. So finden sich die Visionen von Jules Vernes immerhin noch in der Nachbildung der Nautilus wieder. Auch die Fassade des *Café Hyperion* sowie eines der hinteren Schaufenster des Souvenirladens *Constellations* wurde in seinem Originalzustand belassen.

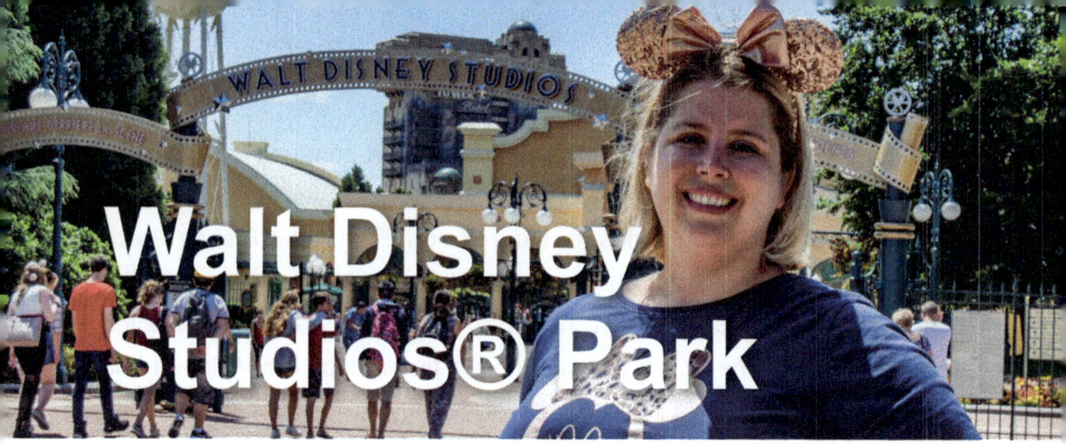

Walt Disney Studios® Park

Den Namen *Walt Disney Studios® Park* trägt der jüngere der beiden Parks nicht umsonst: Hier dreht sich alles um die Welt von Film und Fernsehen. Große und kleine Besucher tauchen direkt beim Betreten in eine surreal wirkende Filmwelt ein.
Die Studios sind überwiegend puristisch und kahl gehalten, um das Ambiente von Filmstudios nachzuahmen. So wurde oft ganz bewusst auf Verkleidung und hübsches Dekor verzichtet, wodurch Filmkabel und Holzpaneele sichtbar werden. Eine Traumwelt, die auf Fassade und Maskerade verzichtet und so offenbart, was sie ist: eine Kulisse.

Der imposante Eingangsbereich *Front Lot* ist als Tribut an die Filmwelt der klassischen Optik eines Filmstudios nachempfunden; die Studiobereiche *Production Courtyard, Backlot* und *Toon Studio* (mit integriertem *Toy Story Playland)* lassen keine Fanwünsche offen. Von Filmen inspirierte Attraktionen reihen sich aneinander und garantieren Spaß für jede Altersstufe. Disney•Pixar lässt an fast jeder Ecke grüßen, räumt das Feld jedoch auch für actiongeladene Realfilme. So nimmt das Marvel-Imperium zunehmend Raum in dem Walt Disney Studios® Park ein und wird bis zur Fertigstellung im Jahr 2020 das Themenland *Backlot* komplett übernehmen.

Machen Sie sich auf einiges gefasst und entdecken Sie dabei Ihre Lieblingsfilme. Mit etwas Glück lernen Sie Ihre Filmhelden bei einem der diversen *meet&greets* sogar persönlich kennen!

Tipp: Beachten Sie die Öffnungszeiten: Die Öffnungszeiten des Walt Disney Studios® Park sind häufig kürzer als im Disneyland® Park. Genaueres können Sie dem Programm, der Website und der Disneyland® Paris-App entnehmen.

Front Lot

Der Eingangsbereich des Walt Disney Studios® Park ist zunächst im Stil spanischer Missionskirchen gehalten. Links befindet sich der wirklich gut sortierte Shop *Walt Disney Studios Store*, während rechter Hand die *Studio Services* untergebracht sind. Dort befinden sich die *Erste-Hilfe-Station*, der *Reservierungsservice* und vieles mehr, damit der Besuch rundum perfekt wird.

Attraktionen

Das *Disney Studio 1* ist einem Filmset nachempfunden und wirkt, als ob die Crew gleich wieder zurückkehren würde. Ob sie vielleicht nur kurz eine Kleinigkeit Essen gegangen ist? Hierzu würde sich das Restaurant *En Coulisse* anbieten. Gegenüber bietet der flächendeckend installierte Shop *Les Légendes de Hollywood* umfangreiche Möglichkeiten, das Reisebudget drastisch zu reduzieren. Außerhalb des Shops wird zudem temporär (Kinder-)schminken sowie Porträtfotografie angeboten. Hin und wieder spielt eine Band, um für gute Stimmung zu sorgen.

Beim Verlassen der *Disney Studios 1* fällt der Blick direkt auf die Kulisse der Hollywood Hills mit dem berühmten Hollywood-Schriftzug. Es dauert einen Moment, bis man realisiert, dass es sich hierbei wirklich nur um eine Kulisse handelt. Die im Vordergrund platzierte Statue von Walt Disney rückt dabei fast in den Hintergrund, wenngleich sie Besucher mit offenen Armen empfängt.

Linker Hand, im Themenbereich *Production Courtyard*, reihen sich weitere Filmstudios aneinander. Diese Gebäude sind als Tribut an die Kreativstudios in Burbank, Kalifornien, gedacht, die Walt Disney dort errichten ließ.

Rechts verschafft sich der überdimensional große, blaue Zauberhut Aufmerksamkeit und markiert den Übergang zum Themenbereich *Toon Studios*.

Restaurants

Restaurant en Coulisse (Schnellrestaurant)

Das *Restaurant en Coulisse* erstreckt sich über die komplette Länge des Studio 1, versteckt sich aber geschickt hinter Kulissen. Jede Neonreklame ist eine Reminiszenz an Filme der goldenen Zwanziger bis hin zu den Swinging Sixties. In den Kulissen (so quasi *en culisse*) werden Burger und Salate angeboten.

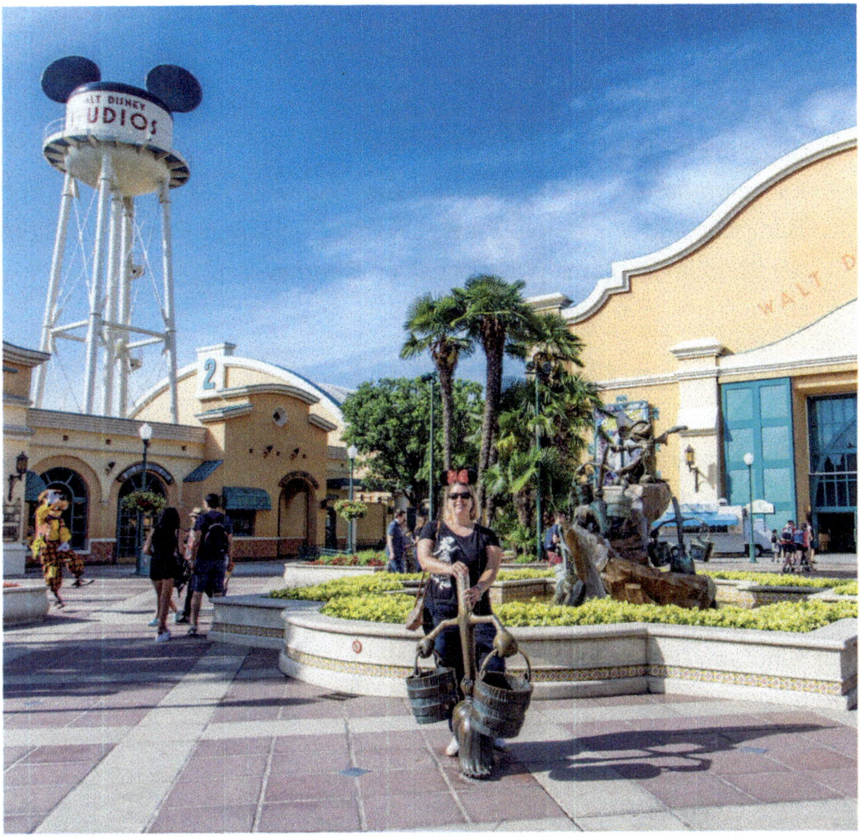

Micky, der Zauberlehrling, lässt den Brunnen füllen

HepCat Corner (Imbiss)

Im *Hepcat Corner*-Café, das in das Restaurant *En Culisse* integriert wurde, werden diverse Snacks für den kleinen Hunger angeboten.

Souvenirs / Shopping

- *Walt Disney Studios Store* – Kleidung und Geschirr, (fast) alles, was das Herz begehrt
- *Les Legendes de Hollywood* – viele Souvenirs für Actionfans und Sammler und Pandora®-Fans. Hier gibt es einen Pandora®-Store als Shop im Shop mit parkexklusiven Charms.

Production Courtyard

Das Themenland *Production Courtyard* ist sicher einer der vielfältigsten Bereiche des Walt Disney Studios® Park: Neben familientauglichen Shows auch für die Kleinsten beherbergt der Production Courtyard mit dem Freefall-Tower *The Twilight Zone Tower of Terror™* eine Attraktion, die nichts für schwache Nerven ist.
Für Kinofans und solche, die es werden wollen, eignet sich die *Studio Tram Tour*.

Attraktionen

Stitch Live!

In einer Live-Konferenz lernen Besucher den für Chaos und Verwüstung bekannten Außerirdischen mit all seinen (liebenswerten) Facetten kennen. Machen Sie sich auf ein interaktives Abenteuer gefasst, das die ganze Familie in Staunen versetzen und begeistern wird.
Die Show dauert circa 15 Minuten. Die Spielzeiten (abhängig von der gewünschten Sprache) sind am Theater ausgewiesen und können dem Programmplaner entnommen werden.

The Twilight Zone Tower of Terror™

Die als *Hollywood Tower Hotel* getarnte Attraktion *The Twilight Zone Tower of Terror™* beherbergt einen Freefall-Tower der Extraklasse. Nehmen Sie sich in Acht, denn neben dem *freien Fall* geht hier allerlei Übernatürliches vor sich.

Die Disney®-Imagineers haben sich redlich Mühe gegeben, die Freefall-Attraktion in eine besondere Geschichte einzubetten: So irrt Gerüchten zufolge eine Gruppe verloren gegangener Gäste in dem schon seit den 1930ern verlassenen Hotels umher.

Wagemutige Gäste können sich auf die Suche begeben, wobei eine Rückkehr ans Tageslicht nicht sicher ist. Zu allem Überfluss funktioniert im Hotel nur noch der Betriebsaufzug, der unvorhersehbar nach unten stürzt oder nach oben gerissen wird – ganz so, wie es sich für eine echte Freefall-Attraktion gehört.

Auch wenn kurze Blicke über den Walt Disney Studios® Park zum Aufatmen verleiten, sind die Momente des Durchatmens nur von kurzer Dauer. Viel zu schnell stürzt der Aufzug wieder in die dunkle Tiefe. Machen Sie sich auf einiges gefasst – vielleicht entdecken Sie sogar die verschwundenen Hotelgäste.

Die erfolgreiche Serie *Unglaubliche Geschichten - The Twilight Zone®* aus den 1950er und 1960er Jahren diente bislang als Grundlage für die Gestaltung der Attraktion und wurde authentisch adaptiert. Aus lizenzrechtlichen Gründen wird das Theming jedoch 2019 geändert.

Tipps: Wer sich für den *freien Fall* nicht begeistern kann, sollte sich getreu dem Motto *Der Weg ist das Ziel* trotzdem in die Warteschlange einreihen. Das Innere der Attraktion ist es allemal wert, allerdings nur bei akzeptablen Wartezeiten. Der Ausstieg ist vor dem Einstieg in den Aufzug noch problemlos möglich.

Souvenirjäger aufgepasst: In der Hotel-Boutique gibt es neben Erinnerungsfotos auch *Hotel*-Andenken und weitere schöne Accessoires, die es teilweise in keinem anderen Store zu finden gibt. Ein gepflegter Rosengarten mit Springbrunnen befindet sich vis-à-vis des Hotel-Shops.
Bitte beachten Sie, dass sich kleinere Kinder fürchten können. Mindestgröße für die Attraktion ist 1,02 m.
Nutzen Sie nach Möglichkeit einen FASTPASS. An dieser Attraktion ist aufgrund seiner großen Beliebtheit durchgehend mit langen Wartezeiten zu rechnen.

Hollywood Boulevard

Wenngleich er keine Attraktion im engeren Sinn ist, beherbergt der *Hollywood Boulevard* doch einige sehenswerte Gebäude. Der mit viel Liebe zum Detail gestaltete Nachbau des legendären Boulevards aus Los Angeles versetzt Besucher zurück in das Hollywood der 50er Jahre.

Studio Tram Tour®: Behind the Magic

Die Studio Tram Tour ist ein besonderes Kleinod des Parks. Es handelt sich hierbei um eine entschleunigte Fahrt in übergroßen Studiofahrzeugen, die über Filmgelände hinweg an *vergessenen* Requisiten vorbeiführt. Entdecken Sie Artefakte und Fahrzeuge, die bekannten Filmen wie *Dinotopia* und *Pearl Harbour* entstammen.
Das Highlight ist sicher die Explosion eines Tankwagens im *Catastrophe Canyon*. Der brennende Tankwagen wird von hunderttausenden Litern Wasser gelöscht, was wirklich spektakulär aussieht. Zum Glück befindet man sich lediglich auf einem Filmset und kann das Ganze aus sicherer Entfernung beobachten.

Nach einer Fahrt durch das zerstörte London aus dem Film *Die Herrschaft des Feuers* geht es zurück in die reale Welt. Die zweisprachig geführte Tour (Englisch und Französisch) ist ein Spaß für die ganze Familie.
Ausblick: *Die Studio Tram Tour* wird im Zuge der geplanten Parkerweiterung innerhalb des Walt Disney Studios® Park umziehen und auch thematisch umgestaltet: Im Sommer 2020 werden die Helden aus dem Film *Cars* die Tour übernehmen.

Restaurants

Restaurant des Stars (Buffetrestaurant)

Das Interieur des *Restaurant des Stars* ist der Kantine eines Filmsets des Hollywoods der 50er Jahre nachempfunden. Getreu dem Motto des Restaurants hängen an den Wänden schwarz-weiß-Bilder früherer Hollywoodstars.
Das einzige *Studio*-Restaurant mit Buffet bietet internationale Küche.

La Terasse (Imbiss)

Im Walt Disney Studios® Park gibt es nur wenige Restaurants, dafür aber ein großes Angebot an Schnellimbissen: Besonders bei schönem Wetter bietet das *La Terasse* Sitzmöglichkeiten, um auch die von *Hollywood & Lime* angebotenen Snacks im Freien, jedoch überdacht, zu verzehren. Der nächste Regen kommt bestimmt!
Die *Kool Zone* versorgt hungrige und durstige Actionfans mit kleinen Erfrischungen und Snacks, während im *Speciality Ice Cream* … genau, Eiscreme, angeboten wird.

Souvenirs / Shopping

- *Tower Hotel Gifts* – alles für Tower Hotel-Fans mit exklusiven Produkten, die den nächsten Hotel-Aufenthalt zu einem Erlebnis machen.

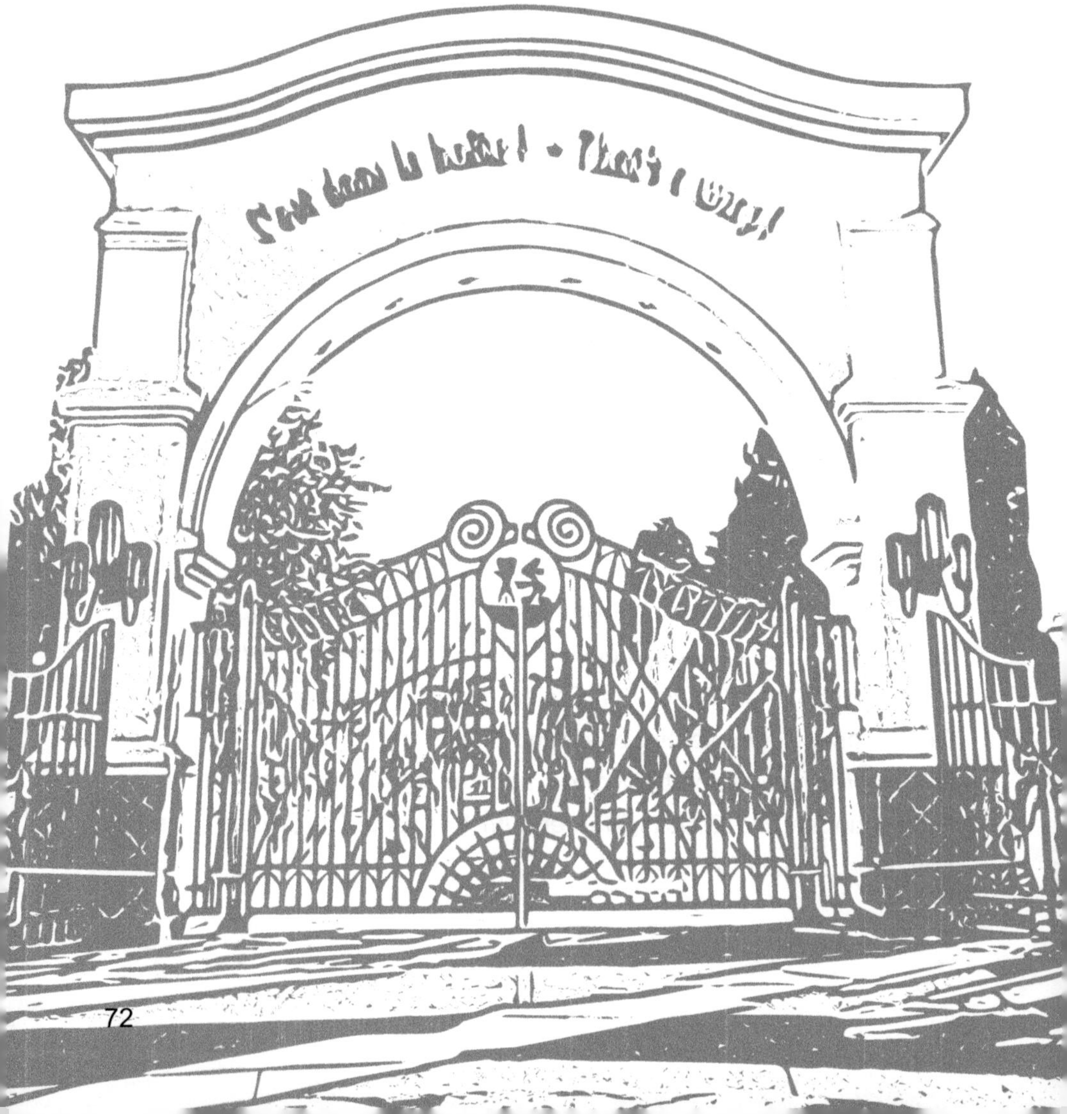

Backlot

Fans von Actionfilmen sind hier richtig: Im Backlot reihen sich von Blockbustern inspirierte Attraktionen aneinander und garantieren Spaß für jede Altersstufe. Während im *Rock'n Roller Coaster* Fans schneller Achterbahnen auf ihre Kosten kommen, setzt die Stunt-Show *Moteurs ... Action* auf Spezialeffekte.

Attraktionen

Rock ‚n' Roller Coaster starring Aerosmith

Im Takt der Musik von Aerosmith werden Fahrgäste dieser Achterbahn in atemberaubender Geschwindigkeit von einem Adrenalinkick zum nächsten *geschossen.* Lichtblitze sind die einzige Lichtquelle, während dröhnende Musik und wummernde Bässe die Schreie übertönen. Hier hilft nur anschnallen und losrocken! *Let's Rock'n Roll.*

Tipps: Wer wissen möchte, welche Aerosmith-Hits in der Achterbahn gespielt werden, kann sich eine Playlist mitgeben lassen. Nutzen Sie nach Möglichkeit einen FASTPASS. An dieser Attraktion ist aufgrund seiner großen Beliebtheit durchgehend mit langen Wartezeiten zu rechnen.
Mindestgröße für die Attraktion ist 1,02 m.

Der *Rock'n Roller Coaster starring Aerosmith* wird ab September 2019 renoviert und umgestaltet. Danach zieht Iron Man als erster Held des Marvel-Universums mit einer festen Attraktion in den Walt Disney Studios® Park ein.

Moteurs ... Action! Stunt-Show Spectacular®

Fans schneller Autos und atemberaubender Stunts sollten sich *Moteurs ... Action!* nicht entgehen lassen. Während der Show zeigen echte Fahrkünstler ihr Können und lassen Kerosingehalt der Luft und Drehzahlen der Motoren gleichermaßen in die Höhe schnellen. Wilde Verfolgungsjagden und atemberaubende Kunststücke wechseln sich ab; kühne Sprünge durch Feuer und Fahrten durch Explosionen sind garantiert. Hin und wieder ist sogar Lightning McQueen aus *Cars* als Gaststar dabei.
Hinweis: Die Show dauert circa 45 Minuten. Spielzeiten können dem Programm entnommen werden. Planen Sie Zeit ein, um mit ausreichend Puffer vor der Show an der Attraktion zu sein (mindestens 30 Minuten).

Restaurants

Café des Cascadeurs (Schnellrestaurant)

Etwas irreführend ist der Name *Café*, denn tatsächlich handelt es sich um ein Diner. Das Diner befindet sich in einem der typisch amerikanischen, übergroßen und silber verchromten Wohnwagen. Nicht nur das Diner selbst, sondern auch die Einrichtung stammt aus den 50er Jahren und wurde liebevoll aufgearbeitet.
Nehmen Sie an der Theke Platz, um wirklich authentisches Diner-Feeling zu spüren. Alternativ finden Sie Plätze (mit leider nicht verrückbaren Bänken) an den Fensterfronten, durch die das Treiben im *Backlot* beobachtet werden kann.
Wie in einem echten amerikanischen Diner üblich, werden im *Café des Cascadeurs* Burger, Sandwiches, Hot Dogs und Salate serviert. Das Ganze ist mit Tischbedienung.

Disney Blockbuster Café (Schnellrestaurant)

Das *Disney Blockbuster Café* ist, wie der Name bereits vermuten lässt, den Blockbustern gewidmet: in diesem Fall *Marvel* und *Fluch der Karibik*, wodurch das Restaurant in zwei Themenbereiche unterteilt wurde. Zwei Drittel des Innenbereichs sind für die *Marvel*-Stars reserviert, der andere Teil den Piraten aus *Fluch der Karibik*.
Im Marvel-Bereich ist das Restaurant bewusst minimalistisch dekoriert und erinnert mit den installierten Scheinwerfern und freigelegten Rohren an karge Filmsets.
Der Teil, der *Fluch der Karibik* gewidmet ist, ist düster gestaltet und einem sturmumtosten Schiffsdeck nachempfunden. Vielleicht sogar dem der *Black Pearl* höchstpersönlich?
Angeboten werden Sandwichs, Salate und Pizza.

Fun Facts: Es sind die kleinen, liebevoll gestalteten Dinge, die Disney® auszeichnen. Es muss sich hierbei noch nicht einmal um eine Attraktion handeln, sondern einfach um eine auffallende Häuserfassade, die dank ihrer Gestaltung Blicke auf sich zieht. Hierzu zählt auch der Regenschirm, der am Schirmgeschäft aus dem Film *Les Parapluies de Cherbourg / Umbrellas of Cherbourg* mit Catherine Deneuve angebracht ist. Ein Foto unter dem Schirm ist ein absolutes Muss – wenngleich die Regentaste mittlerweile nicht mehr vorhanden ist.
Zu finden ist der Regenschirm gegenüber des *Rock'n Roller Coasters.*

Toon Studio mit Toystory Playland

Für nichts steht Disney® so sehr wie für Trickfilme. Viele der großen Erfolge der letzten zwanzig Jahre stammen jedoch aus dem Hause Disney•Pixar, was dieser Studiobereich eindrucksvoll zeigt. Neben dem liebenswerten Clownfisch Nemo aus *Findet Nemo* finden hier auch die Stars aus *Cars* einen gebührenden Platz. Der erfolgreichen Filmreihe *Toy Story* wird im *Toon Studio* mit dem *Toy Story Playland* sogar ein eigener Themenbereich gewidmet.
Seit 2014 beherbergt das Toon Studio die Attraktion *Ratatouille: L'Aventure Totalement Toquée de Rémy*, durch die Paris in den Walt Disney Studios® Park Einzug gehalten hat. Der fliegende Teppich aus *Aladdin* taucht dann eher unerwartet auf. Jede einzelne der Attraktionen erfreut sich großer Beliebtheit, so dass in diesem Teil des Parks oft am meisten los ist.

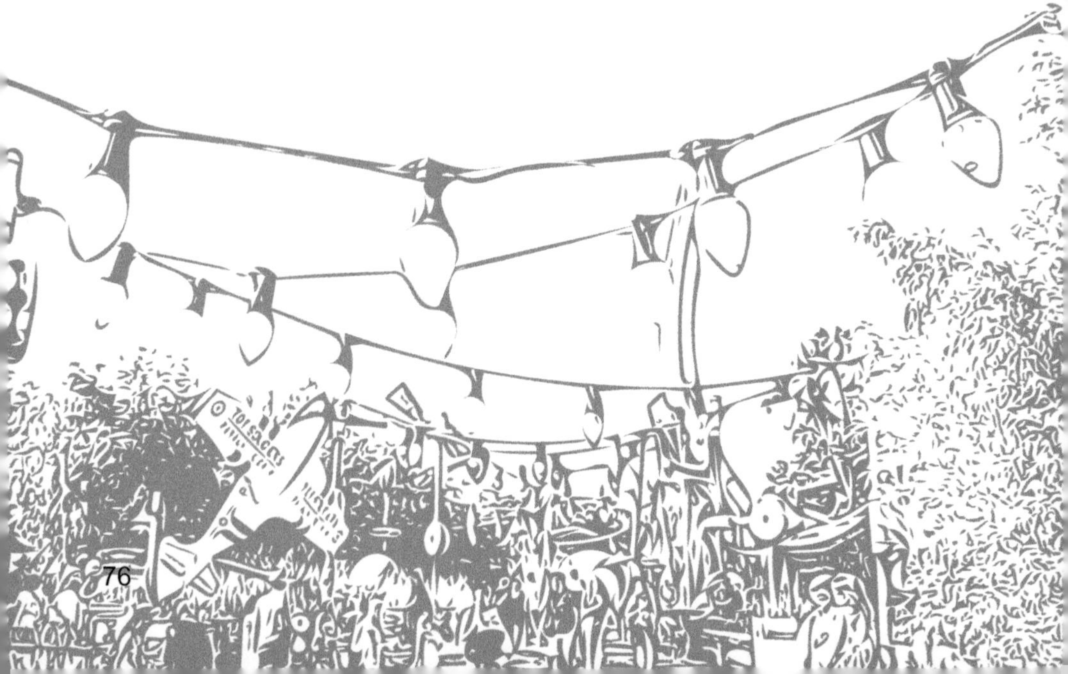

Attraktionen

Animagique® Theater: Zaubershow Micky und der Zauberer

Bühne frei für Micky, den Zauberlehrling! Während Micky eigentlich das Atelier seines Lehrmeisters reinigen soll, stöbert er durch Kisten und Schränke und löst damit allerlei Zaubereien aus. Charaktere aus *Cinderella*, *Die Schöne und das Biest*, den Filmen *Der König der Löwen*, *Aladdin* und *Frozen – Die Eiskönigin* begleiten Micky musikalisch bei seiner Ausbildung zum Zauberer und erklären ihm, wie Magie entsteht. Dabei geben sie ein buntes Potpourri ihrer schönsten Lieder zum Besten. Besonders beeindruckend sind die Tiere aus *Der König der Löwen*, die durch den Saal wandern.

Micky und der Zauberer ist ein buntes Spektakel aus Musik, Tanz und Zauberei.

Die Show dauert circa zwanzig Minuten und ist für die ganze Familie geeignet. Besonders begehrt sind die Plätze in den vorderen Reihen, dabei sieht man von allen Plätzen auch sehr gut. Die Show ist zweisprachig Englisch und Französisch. Am Wochenende wird die Show sogar in Gebärdensprache übersetzt.

Cars Quatre Roues Rallye

Direkt dem Film *Cars* entsprungen, können Familien in den Traumautos der Kinder ein paar Runden in Radiator Springs drehen. Fast-Zusammenstöße der sich im Kreis drehenden Fahrzeuge gehen zum Glück immer glimpflich aus.

Diese Attraktion erweckt die Charaktere und Gebäude aus *Cars* zum Leben, so dass selbst das Warten zum Vergnügen wird. Als Kulisse rund um die Attraktion dienen bekannte Gebäude aus Radiator Springs. So finden sich u.a. *Luigis Werkstatt* und *Hooks Abschlepphof* wieder.

Crush's Coaster®

Schon von weitem lässt *Findet Nemo* grüßen – in Form von Crush, der Transport-Schildkröte aus dem überaus erfolgreichen Disney•Pixar-Film *Findet Nemo*. Auf dem Rücken von Crush wirbeln Passagiere in der starken australischen Meeresströmung umher – vorwärts und rückwärts und wild im Kreis, unvorhersehbare Richtungswechsel inklusive, bis Crush seine Passagiere sicher ans Ziel gebracht hat.

Tipps: Aufgrund des hohen Tempos und der wilden Richtungswechsel ist der *Ritt auf dem Schildkrötenpanzer* nicht jedermanns Sache. Einen guten Eindruck, wie sehr sich der Schildkrötenpanzer in der Meeresströmung dreht, vermittelt eine sich drehende Figur vor dem Eingang der Attraktion. Die erforderliche Mindestgröße beträgt 1,07 m.
Auch an dieser Attraktion ist aufgrund ihrer großen Beliebtheit durchgehend mit langen Wartezeiten zu rechnen. Nutzen Sie nach Möglichkeit den Single Rider-Eingang, über den man als Einzelperson geringere Wartezeiten hat. Allerdings hat man dann keinen Anspruch darauf, als Gruppe/Familie zusammenzusitzen, auch wenn man sich gemeinsam angestellt hat.
Zum Zeitvertreib bietet sich das Spiel *Crush's Coaster The Game* an: Das Spiel ist unter crushcoastergame.com verfügbar und kann über das in Walt Disney Studios® Park verfügbare WLAN abgerufen werden.

Les Tapis Volants – Flying Carpets over Agrabah®

Auf fliegenden Teppichen, deren Flughöhe und Neigungswinkel individuell steuerbar ist, können Fluggäste ein paar Runden über das sagenumwobene Agrabah drehen. Dabei geraten sie mitten hinein in ein Filmset, auf dem der Flaschengeist *Dschinni* als Regisseur fungiert.

Wenngleich von der im Film *Aladdin* transportierten Romantik jede Spur fehlt (was bei der Konzeption auch nicht der Anspruch war, denn schließlich befindet man sich auf einem Filmset) lohnt sich ein Flug in jedem Fall. Wo sonst hat man die Gelegenheit, einen fliegenden Teppich zu besteigen?

In dieser Attraktion gibt es keine Mindestgröße. Allerdings sind die Sitzreihen etwas beengt, aber zwei Erwachsene und zwei Kinder passen auf einen *Teppich*.

Scream Monitors

Im Film *Monster AG* wird Energie aus den Schreien von Kindern gewonnen – hier kann sich die ganze Familie ausschreien. Die beim Schreien freigesetzte Energie des wird angezeigt. Wer schreit am lautesten?
Neben den *Screen Monitors* steht die Tür des kleinen Mädchens aus *Monster AG*. Hin und wieder wird sie als *meet&greet* für Mike und Sully genutzt.

Animation Celebration

In Walt Disney Studios® Park herrscht zukünftig Eiszeit, wenn die Helden aus dem Filmhit *Die Eiskönigin – Völlig unverfroren* Ende 2019 in den überdimensionalen Zauberhut aus dem Disneyklassiker *Phantasia* einziehen.
Die Attraktion *Frozen Interactive Experience* soll passend zum geplanten Kinostart der Fortsetzung von *Die Eiskönigin – Völlig unverfroren* eröffnet werden. In einer interaktiven Show werden Besucher durch drei Räume geführt, in denen sie mit den Charakteren spielen (Anna und Co.), singen (Elsa) und posieren (Olaf) können.

Ratatouille: L'Aventure Totalement Toquée de Rémy

Auf Rattengröße geschrumpft, kann man in *Ratatouille: L'Aventure Totalement Toquée de Rémy* die Abenteuer der Gourmet-Ratte Rémy aus dem Film *Ratatouille* miterleben. In Wagen in Form niedlicher Ratten fährt man durch die Küche, in der Rémy von der Kanalratte mit Geschmack zum Koch aufsteigt – alles getreu Gusteau's Motto, dass jeder kochen kann.
Während zügiger, aber familientauglicher Richtungswechsel erlebt man das 4D-Abenteuer mit allen Sinnen aus einer ganz besonderen Perspektive und kommt aus dem Staunen nicht heraus. Nicht ohne Grund bilden sich hier ganztags lange Warteschlangen, denn mit dieser Attraktion ist den Machern des Parks etwas Großartiges gelungen.

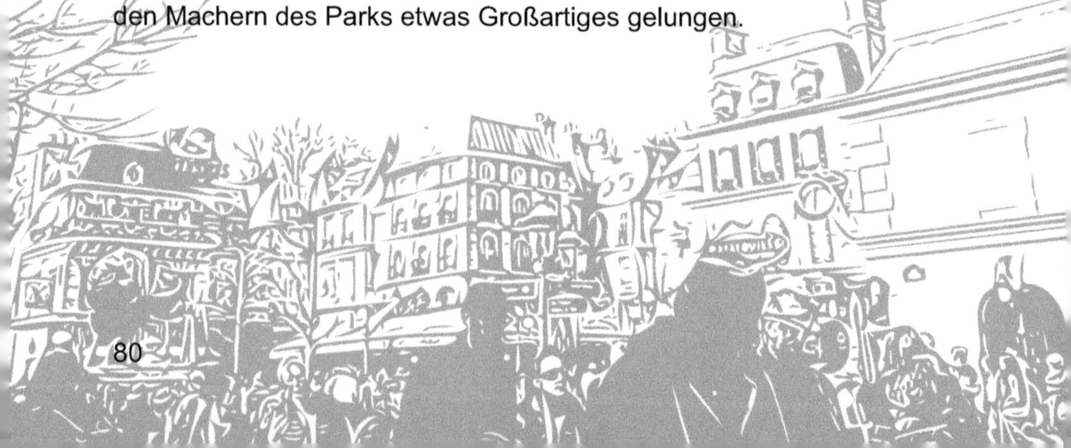

Einen Besuch im Shop *Chez Marianne* und dem der Attraktion angeschlossenen Restaurant *Bistro chez Rémy* sollte man sich zum Abschluss nicht entgehen lassen. Der *Place de Rémy* lädt zum Genießen des Pariser Flairs ein, das in diesem Quartier wirklich bemerkenswert authentisch eingefangen wurde und dem nur wenige Kilometer entfernt gelegenen Original gerecht wird. 3D-Brillen werden vor Ort ausgehändigt. In der Attraktion selbst wird überwiegend französisch gesprochen; einige der Passagen sind jedoch auch zweisprachig in Französisch und Englisch.

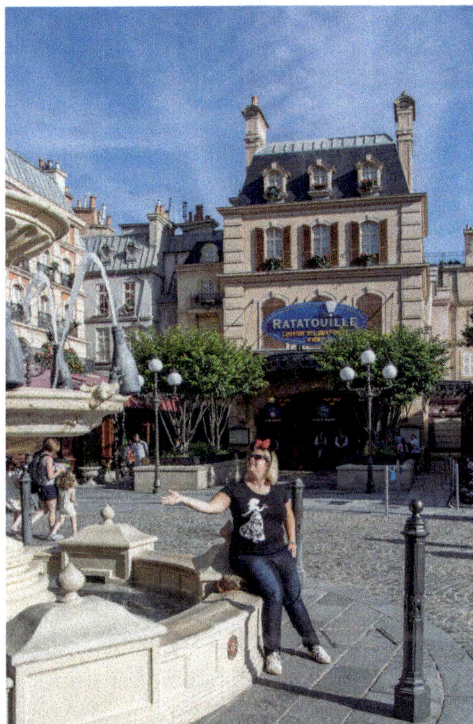

Paris im Kleinen

Zeitersparnis beim Warten: An dieser Attraktion ist aufgrund seiner großen Beliebtheit durchgehend mit langen Wartezeiten zu rechnen.
Wer als Gruppe/Familie zusammenfahren möchte, kann durch die Nutzung eines FASTPASS Zeit sparen. Doch auch hier heißt es schnell sein; bei großem Andrang kann es sein, dass schon gegen Mittag kein FASTPASS mehr verfügbar ist.

Als Single-Rider kann man die Wartezeit deutlich verkürzen, hat dann aber keine Möglichkeit, zusammen in einem Wagen zu sitzen, auch wenn man als Gruppe ansteht. Für Kinder gibt es ein Mindestalter für das Allein-Fahren.

Fun Fact: In der Attraktion *Ratatouille – L'Aventure Totalement Toquée de Rémy* dreht sich alles um Gusteau, den großen französischen Sternekoch, in dessen Küche die Ratte Rémy das einzigartig leckere Ratatouille kocht. Gusteau ist natürlich ein Pseudonym für Paul Bocuse, dem vermutlich berühmtesten Sternekoch Frankreichs, der die moderne französische Küche (Nouvelle Cuisine) nachhaltig geprägt und in der ganzen Welt berühmt gemacht hat. Bocuse ist 2018 in hohem Alter verstorben.

Toy Soldier Parachute Drop

In der kindgerechten Freefall-Variante können junge Rekruten das Fallschirmspringen erlernen und so Andys kleinen, grünen Spielzeug-Soldaten auf ihren Missionen zur Erkundung von Neuankömmlingen nacheifern. Geschützt durch Fallschirme wird der kühne Abwurf aus 25 Meter Höhe zum Kinderspiel(zeug). Mindestgröße 81 cm. Die Attraktion hat einen Single Rider-Service.

Slinky Dog Zigzag Spin

Auf dem Rücken von Slinky, dem Spiral-Dackel, geht es wild auf und ab und rund herum um einen Futternapf mit Gummiknochen. Während Slinky erfolglos versucht, seinen Schwanz zu fangen, kommen Fans von Berg- und Talbahnen bei dieser wilden Fahrt auf ihre Kosten.
Die Attraktion erfordert keine Mindestgröße.

RC Racer

Nachdem den *Toy Story*-Helden Woody und Buzz Lightyear dank des Rennautos *RC Racer* eine wilde Verfolgungsjagd gelang, steht dieser nun wieder voll aufgeladen in Andys Spielzimmer.

Der Looping wurde in der Attraktion *RC Racer* zwar nicht ausgepackt, jedoch hat es die 25 Meter hohe Halfpipe trotzdem in sich. Sie wird zu einer wilden Rennbahn, wenn Andy Gas gibt und sein Lieblings-Rennauto in hohem Tempo vor- und zurückrasen lässt. Einsteigen und Festhalten!
Mindestgröße 1,20 m

Restaurants

Bistrot chez Rémy (À-la-carte-Restaurant)

Das *Bistro Chez Remy* ist Bestandteil bzw. Endpunkt der Attraktion *Ratatouille – L'Aventure Totalement Toquée de Rémy*. Im Restaurant der Ratten gibt es französische Spezialitäten auf hohem Niveau, die wirklich ganz hervorragend zubereitet sind. Selbstverständlich wird auch Ratatouille angeboten.
Auf Rattengröße geschrumpft, lässt es sich unter einem raumfüllenden Blätterdach in wirklich einzigartigem Ambiente speisen – vielleicht sogar mit Blick auf die ankommenden Gäste. Platz genommen wird auf Champagnerkorken, Teller dienen als Raumteiler. Einziger Wermutstropfen sind die kurzen Öffnungszeiten: Die letzte Reservierung wird oftmals für den späten Nachmittag entgegengenommen.

Souvenirs / Shopping

- *Chez Marianne* – Souvenirs zum Film *Ratatouille*, insbesondere tolle Küchenaccessoires sowie Paris-Souvenirs
- *Toy Story Playland Boutique* – klein, aber fein, und fast ein Geheimtipp, denn die *Toy Story Playland Boutique* hatte früher selten geöffnet. Mittlerweile können sich Fans von *Toy Story* dort regelmäßig mit Merchandise (und Getränken) eindecken.

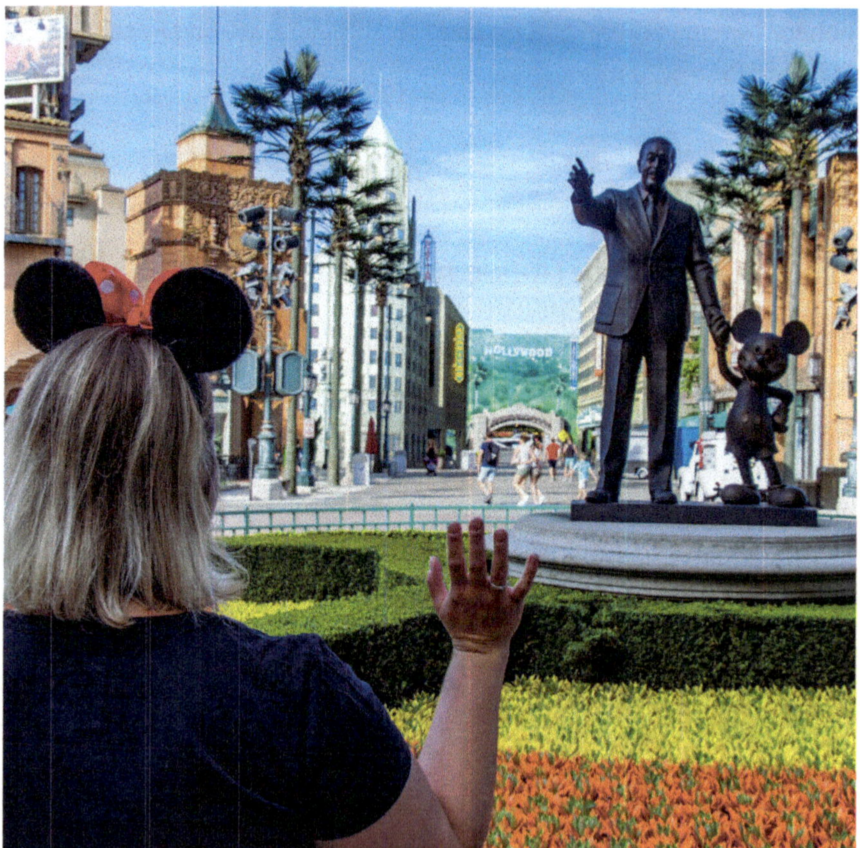

Hier begrüßt der Chef seine Besucher noch selbst

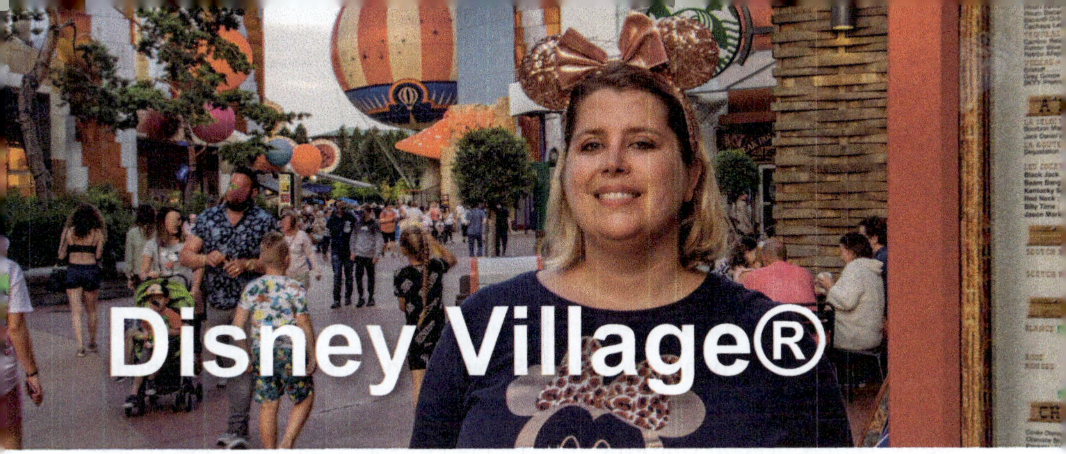

Disney Village®

Wenngleich das Disney Village® kein eigener Themenpark ist, so ist es doch ein besonderer Ort: Das *Disney Village®* als Verbindung zwischen den beiden Parks und den Disney®-Hotels entfaltet insbesondere in den Abendstunden seine Wirkung, wenn die Massen der aus dem Park strömenden Hotelgäste darin aufgenommen werden.
Nach Lust, Laune, Energie und Budget der Besucher stehen zahlreiche Shops, Restaurants für den kleinen und großen Hunger sowie Vergnügungsmöglichkeiten zur Verfügung, die keine Wünsche offenlassen.

Entertainment

Im Disney Village® wird Entertainment großgeschrieben. Ganzjährig werden die verschiedensten nationalen und internationalen Feiertage und Events gefeiert. Kostenpflichtige und kostenlose Aktivitäten laden zum Erleben und Verweilen ein.

Buffalo Bill’s Wild West Show

Der Wild West-Abenteurer *Buffalo Bill* ist Namenspate dieses Dinner-Spektakels, an dem die ganze Familie ihren Spaß hat. Neben Disney®-Lieblingen und Westernhelden sind eine Vielzahl an Pferden Bestandteil dieser bunten Western-Show, an der über 90 Mitwirkende beteiligt sind.
Das Essen (Chili con Carne) wird stilecht in Kesseln serviert. Eine vegetarische Option (sin carne) ist erhältlich.

Gut zu wissen:

- Die Shows finden von Freitag bis Dienstag statt
- Es gibt zwei Spielzeiten: 18.30 Uhr und 21.30 Uhr
- Die Karten kosten für Erwachsene 80 Euro (63 Euro für Kinder) in Kategorie 1, in Kategorie 2 für Erwachsene 65 Euro (48 Euro für Kinder)
- *Buffalo Bill’s Wild West Show* ist einen Besuch wert, wenngleich Tierhaar- und Stauballergiker vorsichtig sein sollten
- Karten können direkt bei der Buchung geordert werden.

Fun Fact: Buffalo Bill‘s echte Büffel sind seit Herbst 2018 in Ruhestand und wurden durch Projektionen ersetzt.

Billy Bob’s Country Western Saloon

Live-Musik macht *Billy Bob’s Country Western Saloon* zu einem außergewöhnlichen Erlebnis. Teilweise ist das Angebot kostenpflichtig. Wie in jedem Saloon werden kleine Snacks angeboten.

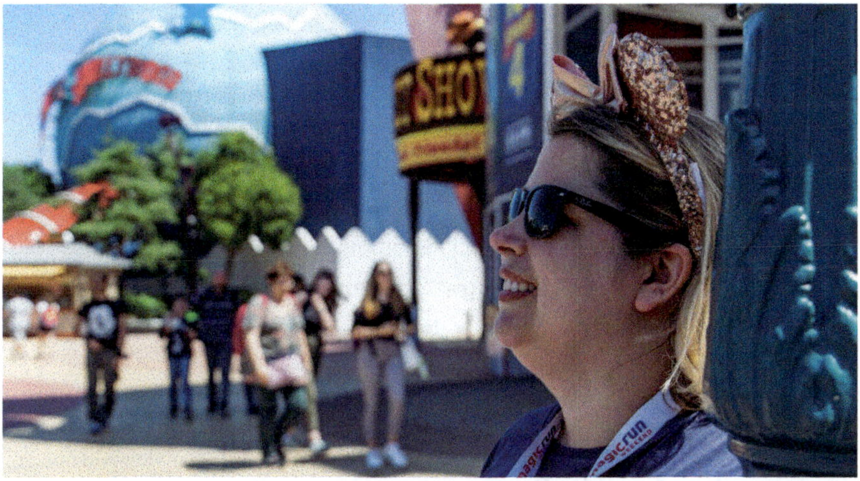

Von Hollywood in den Wilden Westen - im „Village" nur ein paar Schritte

Kino Gaumont

Im 3D-Kino werden aktuelle Kinofilme (in Französisch) gezeigt. Neben Touristen lockt das Kino auch Gäste aus der Umgebung an.

Video Games Arcade

Die *Video Games Arcade* bietet allerlei Möglichkeiten zum Spielen, jedoch gegen Aufpreis. Praktischerweise ist die Video Games Arcade in die Sportsbar integriert, so dass Kinder ausreichend Beschäftigung finden, während ihre Eltern Sportereignisse auf einer Großleinwand verfolgen können.

PanoraMagique

Der Heißluftballon *PanoraMagique* bietet den besten Blick über das komplette Ressort und von oben einen tollen Blick auf die magische Disneywelt. Ein Flug lohnt sich auf jeden Fall, kann jedoch nur starten, wenn es die Wetterverhältnisse zulassen. Die Sicherung der *Montgolfière* erfolgt durch Seile, so dass man einen gesicherten Aufstieg in die Höhe erlebt. Kosten: Erwachsene 12 Euro / Kinder 6 Euro (3-11 Jahre)

Bootsverleih La Marina
(saisonales Angebot)

Der Bootsverleih *La Marina* bietet bei schönem Wetter verschiedene Boote zum Verleih an, mit denen man entspannt über den *Lake Disney* schippern kann. Neben Tretbooten (10 €) und Booten mit Elektromotor (Barques Electrique, 20 €) kann man sich dort auch *Love Boats* für zwei Personen (30 €) leihen. Die Preise verstehen sich für 20 Minuten und bis zu 5 Personen. Der Verleih ist im Juli und August geöffnet.

Neben *kostenpflichtigen* Unterhaltungsangeboten gibt es im Disney Village® auch *kostenloses* Entertainment. Zahlreiche saisonale Musik- und Straßenfestivals wie die *Fiesta Latina (Juni)* und das *Rock'n Roll-Festival (September)* bieten das ganze Jahr hindurch ein abwechslungsreiches Angebot mit Festivitäten und Feiertagen, die sicher nicht jeder kennt. Programme sind im Disney Village® erhältlich.

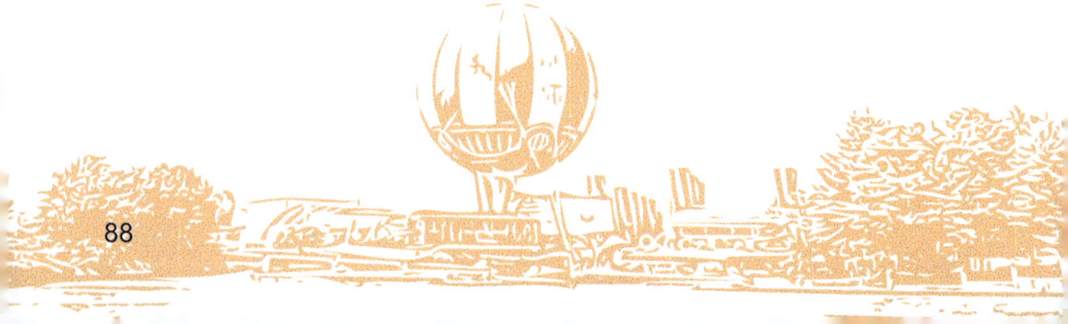

Auch Sportveranstaltungen (Welt- und Europameisterschaften, Olympiaden, Fußballspiele etc.) kommen nicht zu kurz: Beim Public Viewing können Sport-Events länderübergreifend bejubelt werden.

Restaurants

À-la-carte- und Schnell-Restaurants lassen auch im Disney Village® keine kulinarischen Wünsche offen und bieten Essen für jedes Budget.

Café Mickey (À-la-carte-Restaurant)

Im liebevoll eingerichteten À-la-carte-Restaurant *Café Mickey*, das mit Maus-Köpfen in vielen Varianten aufwartet und trotzdem nicht überladen wirkt, werden italienische Speisen angeboten. Ein besonderes Highlight ist die Anwesenheit von Disney®-Charakteren während des Charakter-Dinners und -Lunchs. Eine Reservierung wird empfohlen.

Tipp: Von den Tischen am Fenster aus hat man einen schönen Blick auf den *Lake Disney*.

Rainforest Café (À-la-carte-Restaurant)

Internationale Küche in exotischem Ambiente bietet das *Rainforest Café*. Neben unzähligen echten Fischen in Röhrenaquarien runden tropische Gewitter die Regenwald-Atmosphäre ab. Hier wird das Essen beinahe Nebensache.

Planet Hollywood (À-la-carte-Restaurant)

Die beliebte Restaurant-Kette *Planet Hollywood* dominiert mit einer überdimensionalen, grün-blauen Weltkugel den Eingangsbereich des Disney Village®. Serviert werden amerikanische Klassiker wie Burger und Steaks. Die Inneneinrichtung ist von einem wilden Mix aus Disney®- und Filmsouvenirs geprägt, so dass man aus dem Staunen gar nicht herauskommt. Ein Souvenir-Shop rundet das Hollywood-Filmerlebnis ab.

Fun Fact: In den 90er Jahren gegründet, waren lange Jahre eine ganze Reihe amerikanischer Filmstars wie Arnold Schwarzenegger, Sylvester Stallone und Whoopie Goldberg an der Restaurant-Kette beteiligt. So kam es vor, dass sich regelmäßig einer der Teilhaber blicken ließ und dem Restaurant einen Besuch abstattete – selbstverständlich mit großem Medienrummel.

King Ludwig Castle (À-la-carte-Restaurant)

Wer auch in Frankreich nicht auf bayrische Spezialitäten und Blasmusik verzichten möchte, ist hier richtig. Neben deutschem Bier und zahlreichen bajuwarischen Spezialitäten werden im King Ludwig Castle, das wie ein gehobenes deutsches Brauhaus eingerichtet ist, auch europäische Spezialitäten angeboten. Vegetarier werden genauso fündig wie Fleischliebhaber und können sogar aus verschiedenen Gerichten wählen.
Als besonderes Highlight bietet das Schloss-Restaurant eine Happy Hour für Getränke an.

McDonald's (Schnellrestaurant)

Genauso amerikanisch wie das Restaurant *Planet Hollywood* ist auch die Speisekarte von *McDonald's,* jedoch ist das Essen dort um einiges günstiger. Da man nirgends im ganzen Ressort so günstig isst wie bei *McDonald's*, ist hier ganztägig mit großem Andrang zu rechnen.

Earl of Sandwich (Schnellrestaurant)

Die Kette *Earl of Sandwich* bietet, wie der Name schon sagt, hauptsächlich Sandwiches. Das Angebot wird von Salaten, Wraps und Baguettes abgerundet. Empfehlenswert ist auch das Frühstücksangebot.

Tipp: Vom oberen Stockwerk aus hat man einen tollen Blick auf den *Lake Disney*.

La Grange in Billy Bob's Country Western Saloon (Buffet-Restaurant)

Im *La Grange* in Billy Bob's Country Western-Saloon wird leckeres Tex-Mex-Essen in Buffet-Form angeboten. Garniert wird das Ganze mit Live-Musik aus dem Saloon im Erdgeschoss, was den Restaurant-Besuch zu einem außergewöhnlichen Erlebnis macht.

Annette's Diner (À-la-carte-Restaurant)

In *Annette's Diner* wird amerikanische Küche im stilechten 50er Jahre-Ambiente serviert – nicht selten von auf Rollschuhen vorbeiflitzenden

Kellnerinnen und Kellnern. Zum Essensangebot gehören neben Burgern, Hotdogs, Salaten und Milkshakes auch der in Amerika erfundene Banana Split und leckere Coke Floats (Cola mit Eis). Empfehlenswert ist auch das Frühstücksangebot, das mit amerikanischen Klassikern wie Speck, Rührei und Bohnen zu einem akzeptablen Preis aufwartet.
Wenngleich Reservierungen nicht möglich sind, findet sich immer ein Tisch – natürlich mit Wartezeiten, typisch amerikanisch eben.
Fun Fact: Zur Deko des zweistöckigen Restaurants gehören original Wurlitzer Jukeboxen, die dem in Pastellfarben gehaltenen Interieur den letzten Schliff geben.

New York Style Sandwiches (Schnellrestaurant)

Eingerichtet wie ein New Yorker Deli der 50er Jahre, kann man in *New York Style Sandwiches* leckere Sandwiches (wie es der Name schon vermuten lässt) und andere Snacks (Nudeln, Pizza) genießen. Für den kleinen Hunger ist das Angebot vollkommen ausreichend.

Sports Bar (Schnellrestaurant)

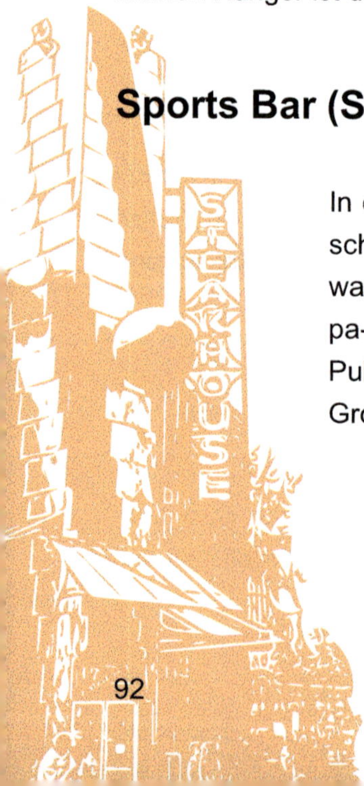

In der *Sports Bar* wird das Essen (Burger, Sandwichs) schnell zur Nebensache, wenn auf der Großbild-Leinwand Sportereignisse übertragen werden. Bei Europa- und Weltmeisterschaften wird das gemeinsame Public-Viewing im angrenzenden Freiluft-Bereich zum Großereignis.

The Steakhouse (À-la-carte-Restaurant)

Im ganzen Ressort gibt es nur zwei Steakhäuser – eines davon findet sich im Disney Village®. Das *Steakhouse* besticht durch eine auf Hochglanz polierte, edle Innenausstattung im Chicagoer Ambiente der 50er Jahre.
Serviert werden neben amerikanischen Food-Klassikern wie Spareribs und Steaks auch Pastagerichte, Fisch und vegetarische Gerichte.

Starbucks

Starbucks bietet auch im Disney Village® das, was Starbucks weltweit bietet: Kaffeespezialitäten und kleine Snacks. Außerdem gibt es ein kleines Frühstücksangebot.

Vapiano und Five Guys (Schnellrestaurants)

Um die Ecke des *Gaumont Kino Komplex* finden hungrige Gäste Filialen der Ketten *Vapiano* und *Five Guys*. Die bekannten Ketten haben sich erst vor wenigen Jahren in Disneyland® Paris niedergelassen, um hungrige Mäuler mit bekannt leckerem Essen zu stopfen.

Vapiano

Wie überall in Europa bietet *Vapiano* auch in Disneyland® Paris italienische Gerichte wie Pizza, Pasta und Salate an. Das Essen wird auf Bestellung zubereitet, während der Gast dabei zuschaut.

Five Guys

Seitdem die Kette endlich europäischen Boden betreten hat, erfreut sich das *Five Guys* zunehmend großer Beliebtheit. Hier werden Burger ohne großen Schnickschnack, dafür aber mit allerlei frei wählbaren klassischen Toppings, angeboten. Wer keine Burger mag, für den gibt es Hot Dogs oder Sandwiches und die legendären, in Erdnussöl gebratenen French Fries (Pommes Frites). Kostenlos dazu gibt es Erdnüsse – unbedingt zugreifen (außer natürlich man ist allergisch gegen Nüsse).

Einziger Wermutstropfen: Die beiden Restaurants Vapiano und Five Guys befinden sich außerhalb des Sicherheitsbereichs, so dass man auf dem Rückweg wieder durch die Sicherheitskontrolle muss – wie auch die Essenstüten.

Souvenirs / Shopping

Wer tagsüber in den Parks noch nicht ausreichend genug geshoppt hat, dem seien die Shoppingmöglichkeiten im *Disney Village®* wärmstens empfohlen. Hier finden sich regelmäßig Souvenirs, die sonst im ganzen Park nicht zu finden sind. Außerdem bieten die Franchise-Restaurants *Planet Hollywood*, *RainForest Café* und *King Ludwig's Castle* eigene Souvenirs an.

- *World of Disney* – hier gibt es nichts, was es nicht gibt
- *Lego® Store* – große Auswahl an Lego und beeindruckende Steckfiguren und Bilder der beliebten Steine
- *Disney Fashion* – exklusive Kollektionen und Accessoires mit Disney®-Motiven
- *Disney Store* – ein toller Laden mit einzigartiger Inneneinrichtung – ein Blick nach oben lohnt sich
- *Disney Gallery* – schöne Kunst- und Sammelobjekte (Kreditkarte nicht vergessen).

Die Qual der Wahl – Disneyland® Park oder Walt Disney Studios® Park?

Wem mehr als ein Tag Zeit für einen Besuch zur Verfügung steht, dem stehen die Tore beider Parks weit offen.

Vor und während des Aufenthalts stellt sich aus Erfahrung trotzdem immer wieder die Frage, welchem der beiden Parks die kostbare Zeit gewidmet wird. Vor allem bei knapp bemessener Zeit ist es hilfreich, sich bereits im Vorfeld darüber Gedanken zu machen, was man sehen und erleben möchte.

Wer das authentische Disney®-Erlebnis sucht, der sollte sich den *Disneyland® Park* auf keinen Fall entgehen lassen. Nicht nur, aber besonders für echte Disneyfans sowie für Besucher mit kleinen Kindern ist *Disneyland® Park* ein Muss. Das Angebot wird die Augen aller Familienmitglieder zum Strahlen bringen.

Actionfans, Familien mit actionbegeisterten Kindern und Fans von Disney•Pixar werden in *Walt Disney Studios® Park* jedoch genauso fündig.

Jeder der beiden Parks hat klare Vorteile. Welcher Park für Ihren Aufenthalt geeigneter ist, hängt ganz von Ihren Interessen und der Gruppenkonstellation ab. Letztendlich sollte man sich keinen der beiden Parks entgehen lassen und lieber einen Tag mehr einplanen.

Vorteile Disneyland® Park

- Längere Öffnungszeiten
- Mehr Attraktionen für alle Altersstufen
- Ursprünglicher Disneyland®-Park
- Fokus auf Disney®-Klassikern
- Besonders viele Attraktionen für kleine Kinder.

Vorteile Walt Disney Studios® Park

- Paradies für Film- und Actionfans (mit Fokus auf Disney•Pixar und Marvel)
- oftmals geringere Auslastung als der Disneyland® Park
- Bei einem Kurztrip lässt sich durch die geringere Anzahl an Attraktionen und Fahrgeschäften anteilig mehr erleben als im Disneyland® Park.

Ein Tag – ein Park oder *Ein Tag – zwei Parks*

Steht Ihnen nur ein Tag zur Verfügung, gilt es, im Vorfeld einige Grundüberlegungen anzustellen. Da die Zeit sehr knapp ist, um beide Parks richtig zu erleben, sollte man sich für einen der beiden Parks entscheiden. Das spart auch noch Geld beim Eintritt, wenn das günstige *Ein Tag / Ein Park*-Ticket ausreicht. Wer sich unbedingt beide Parks an einem Tag *antun* möchte, dem empfiehlt die Autorin die folgende Planung: Am besten beginnt man den Tag in *Walt Disney Studios® Park*, da diese früher schließen als der *Disneyland® Park*. Dort empfiehlt sich die Fahrt mit *Ratatouille – L'Aventure Totalement Toquée de Rémy* (über den Single Rider-Eingang) sowie ein Schlenker durch das *Toy Story Playland* hin zum *Tower of Terror*. Mit viel Glück und geringen Wartezeiten kann man auf dem Weg in den *Disneyland® Park* noch eine bis zwei Attraktionen mitnehmen. Gegen elf Uhr sollte man spätestens in den *Disneyland® Park* wechseln, da danach die Tagestouristen ankommen.

Die Wartezeiten an den Attraktionen können bei der Entscheidung helfen, welche Attraktionen man ansteuert.

Eintrittspreise

Um die Parks zu besuchen, benötigt man gültige Eintrittskarten. Wenn diese nicht bereits in einer gebuchten Pauschale enthalten sind, gibt es verschiedene Möglichkeiten zum Erwerb der Karten.
Ganz klassisch sind Eintrittskarten an den Kassen beider Parks erhältlich. Die gültigen Preise sind gut sichtbar an Tafeln ausgeschrieben. Die Tagespreise können saisonal schwanken.
Es gibt sowohl Tickets für *einen Park / einen Tag* sowie Tickets für *beide Parks für einen Tag bis zu vier Tage*.
Tickets können vorab auch über die offizielle Website www.disneylandparis.de oder über Drittanbieter gekauft werden. Bei Letzterem ist es ratsam, auf Seriosität zu achten.
Empfehlenswert ist www.attractionticketsdirect.de.

Ticketpreise für beide Parks

Billets Super Magic Plus 2 Parcs / Park Hopper Super Magic Plus Tickets (Stand April 2019)

Tage	Erwachsene	Kind (3-11 Jahre)
1	107 Euro	100 Euro
2	169 Euro	156 Euro
3	211 Euro	195 Euro
4	249 Euro	229 Euro

Ticketpreise für Tag, einen Park

Billet Super Magic Plus 1 Jour, 1 Parc (1 Day, 1 Park), (Stand April 2019)

1 Tag / 1 Park	87 Euro	80 Euro

Jahreskarten

Jahreskarten funktionieren wie Dauerkarten und gelten für beide Parks. Bereits ab einem Aufenthalt von drei Tagen bzw. ab dem zweiten geplanten Besuch innerhalb von 12 Monaten kann es sich lohnen, eine Jahreskarte zu erwerben. Jahreskarten bieten diverse Vorteile wie vergünstigte Preise für Hotels (Room Only-Angebote), exklusive Events sowie Rabatte für Restaurants und Souvenirs.
Es gibt insgesamt vier verschiedene Jahreskartenmodelle, die in Abhängigkeit des Kaufpreises unterschiedliche Vergünstigungen und Sonderrechte enthalten. Das wichtigste Entscheidungskriterium ist neben dem

Preis die Anzahl der Tage, an denen die Jahreskarte nicht genutzt werden darf (die sogenannten Blockout-Tage). Kurzum, je teurer die Karte ist, desto geringer bis nicht mehr existent ist die Anzahl der Blockout-Tage.

Als Hotelgast eines Ressort-Hotels ist dies allerdings ohnehin irrelevant, da man als solcher die Blockout-Tage vollständig umgehen kann.

Preise der Jahreskarten (Stand Juni 2019):

Jahreskarten-Typ	Umfang	Kosten
Discovery	150 Tage Eintritt	179 Euro
Magic Flex	300 Tage Eintritt	259 Euro
Magic Plus	350 Tage Eintritt	299 Euro
Infinity	365 Tage Eintritt	449 Euro

Letztendlich ist es ein Rechenexempel, ob sich der Erwerb einer Jahreskarte lohnt. Hier ein paar grundlegende Hinweise:

- Jahreskarten können vor Ort oder online erworben werden (die Website ist ausschließlich auf Französisch)
- Wer nach einem Besuch entscheidet, eine Jahreskarte zu erwerben, kann sich Einzel-Tickets innerhalb von 31 Tagen auf eine Jahreskarte anrechnen lassen. Tickets aus Pauschalen sind nicht anrechenbar
- Zum Erwerb einer Jahreskarte ist die Vorlage eines Ausweisdokuments sowie eines Banknachweises notwendig (Kontoauszug reicht)
- Bei der Discovery-Jahreskarte sind die ersten beiden Tage nach Kauf Sperrtage
- Infinity-Jahreskartenbesitzer können spezielle Bereiche für die Parade (Royal Castle Stage) und die abendliche Show (Town Square) nutzen – Online-Reservierung sind möglich
- Verbunden mit einer Anzahlung können Jahreskarten auch monatlich abgezahlt werden.

Anreise

So verschieden die individuellen Urlaubsvorlieben sind, so unterschiedlich sind auch die Anreise-Vorlieben.

Mit dem Auto

Die flexibelste Möglichkeit, ins Disneyland® zu reisen, ist die Anreise mit dem Auto. Die Anreisedauer variiert in Abhängigkeit von Strecke, Fahrttempo, Jahreszeit und Anreisetag. Am besten checkt man die Strecke vorher über einen Routenplaner. Als Beispiel: Ab dem Großraum Frankfurt dauert die Anreise ca. fünf bis sechs Stunden.
Die Autorin empfiehlt die Nutzung der mautpflichtigen Strecken (Autobahnen), wenngleich deren Nutzung gebührenpflichtig ist. Dafür sind die Autobahnen selten überfüllt und immer in gutem Zustand. Die Gebühr kann bar oder mit Kreditkarte bezahlt werden. Die Preise variieren saisonal.
Tanken ist überall entlang der Strecke möglich. Hinter dem Hotel *Santa Fe* befindet sich auch eine Tankstelle, an der es sogar Autogas gibt.

Zieladresse:
77700 Serris / Coupvray,
Straße: Boulevard de Parc Disney
Abfahrt 14 auf der Autobahn A4 (Micky Maus grüßt rechtzeitig)
Breitengrad 48.876077 – Längengrad 2.79646
(Parkplatz Disneyland® Paris; Hotelgäste müssen vorher abzweigen)

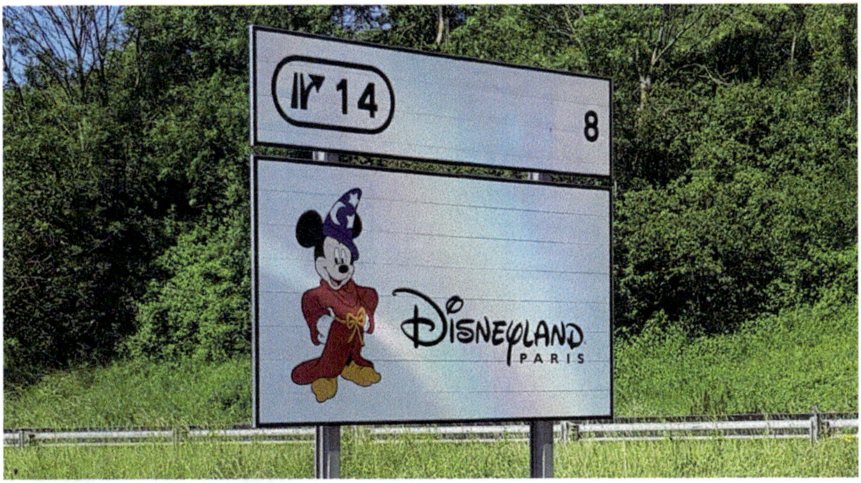

Abfahrt 14 - schon fast da

Mit dem Flugzeug

In Paris gibt es zwei Flughäfen: *Paris Charles de Gaulle (CDG)* sowie *Paris Orly (ORY)*. Das Ressort wird von beiden Flughäfen aus regelmäßig mit kostenpflichtigen Shuttlebussen *(Magic Shuttle)* angefahren. Die Fahrt dauert ca. 30 Minuten und ist teurer als beispielsweise die Fahrt mit dem Schnellzug *TGV*, der vom Flughafen Charles de Gaulle aus ebenfalls das Ressort ansteuert. Diese Fahrt dauert ca. 10 Minuten.

Alternativ kann man von den Flughäfen aus auch den *ÖPNV* nutzen. Die Fahrt mit *Metro* und *RER-Schnellbahn* dauert ca. 40 Minuten. Infos zu Preisen und Abfahrtszeiten erhält man unter https://www.ratp.fr/en/ (die Website ist auf Englisch verfügbar).

Mit dem Zug

Dank gezielter Investitionen verfügt das Ressort mit dem Bahnhof *Marne la Vallée-Chessy* über einen direkten Anschluss an das *TGV*-Hochgeschwindigkeitsbahnnetz sowie die *RER*.

Fernverkehr aus Deutschland:
Viele deutsche Städte verfügen über eine Direktverbindung nach Paris, von denen einige nachstehend beispielhaft aufgeführt sind:

- Von *Frankfurt am Main* und *Stuttgart* erreicht man den Bahnhof Paris *Est* in knapp vier Stunden. Vom Gare d'Est aus erreicht man das Ressort mit der Metro M4 Richtung Montrouge, Umstieg an der Station Les Halles in die RER-Schnellbahn Richtung Marne-la-Vallée
- Aus *Köln* und *Aachen* gelangt man am einfachsten mit dem *Thalys* nach *Paris Nord*. Von dort verkehrt ebenfalls die RER-Schnellbahn
- Alternativ bietet sich auch der *DB Nachtzug* an, der *Berlin* und *Hamburg* mit Paris verbindet. Informationen und Reisemöglichkeiten erhält man unter www.bahn.de/citynightline.

Zugtickets können über die Websites der Anbieter erworben werden:
www.bahn.de
www.sncf.de
www.thalys.de

Nahverkehr:
Über die *RER-Linie A* ist das Ressort aus dem Zentrum von Paris (Stationen Charles-de-Gaulle-Étoile, Auber, Châtelet-Les-Halles, Gare de Lyon oder Nation) zu erreichen (Endstation Marne la Vallée-Chessy/Disneyland®).

Die Fahrt mit der RER dauert ca. 40 Minuten. Infos zu Preisen und Abfahrtszeiten erhält man unter https://www.ratp.fr/en/ (Seite auf Englisch).

Hinweise: Bitte beachten Sie, dass die Anreise mit *ICE* und *TGV* in Frankreich reservierungspflichtig ist. Nur solange es noch freie Sitzplätze gibt, sind Tickets verfügbar. Daher lohnt es sich, rechtzeitig zu reservieren. Karten für *RER* und *Metro* kauft man bequem vor Ort am Automaten oder am Ticketschalter.

Tipp: Die Rush Hour in Paris ist bis ca. 9.30 Uhr. Daher empfiehlt es sich, die Anreise entsprechend nachgelagert einzurichten.

Mit dem Bus

Busunternehmen bieten mitunter Ein-Tages- oder Mehr-Tages-Reisen ins Disneyland® an. Bei Tagesreisen starten die Busse in der Regel am späten Vorabend und fahren die Nacht durch. Angebote von Reiseunternehmen unterliegen jedoch saisonalen und qualitativen Schwankungen, weswegen hier keine Empfehlung abgegeben werden kann.
Lediglich *FlixBus* als größter Anbieter ist erwähnenswert, wenngleich *FlixBus* zwar nach Paris fährt, aber nicht direkt das Disneyland® ansteuert. Hier ist ein Umstieg notwendig. Empfohlene Haltepunkte sind, je nach Verbindung, *Bercy* sowie der Stopp am Flughafen *Charles de Gaulle*.

Übernachten

Um Besuchern ein ganzheitliches Erlebnis zu bieten, wurden Hotels für jeden Geschmack und für (fast) jedes Budget in das Ressort integriert. Die Disney®-Hotels befinden sich bis auf die *Davy Crockett Ranch* in fußläufiger Entfernung zu den Parks und bieten einen kostenlosen Shuttle-Service an (ebenfalls mit Ausnahme der Davy Crockett Ranch).
Als Faustregel gilt: Je teurer das Hotel, desto kürzer der Weg zum Park – im teuersten Hotel am Platz, dem *Disneyland® Hotel*, wohnt man quasi direkt am Park. Dort gibt es dann verständlicherweise keinen Shuttle-Service mehr.
Um die Besucherströme aufzufangen, bieten bekannte Hotelketten (siehe Abschnitt *Partnerhotels*) zusätzliche Übernachtungskapazitäten. Diese befinden sich außerhalb des Ressorts, sind aber ebenfalls durch Shuttlebusse an die beiden Parks angeschlossen.

Sowohl für die Disney®-Hotels als auch für die Partnerhotels können Pauschalen gebucht werden. Die Pauschalen beinhalten Eintritt in die Parks und Übernachtung. Regelmäßig sind Angebote verfügbar, die Rabatt gewähren und / oder Inklusivleistungen beinhalten.
Buchen kann man die Pauschalen auf verschiedenen Wegen:
Online unter www.disneylandparis.com, telefonisch unter 069/13804107 oder im Reisebüro.
Tipp: Buchungen, die mindestens 30 Tage vor Anreise vorgenommen werden, können ohne Aufpreis in zwei Raten gezahlt werden.

Disneyland® Hotels

Die Disneyland® Hotels spiegeln in ihrer Gestaltung und Ausrichtung verschiedene amerikanische Epochen und Regionen wider.

Disneyland® Hotel
5 Sterne, Deluxe-Kategorie

Wer gerne wie seinerzeit der *King of Pop* Michael Jackson übernachten möchte, dem sei das *Disneyland® Hotel* empfohlen. Das Hotel empfängt seine Gäste mit romantischer Architektur im viktorianischen Stil und ist gleichzeitig der Eingangsbereich zum Disneyland® Park.
Trotz der Kombination aus Hotel und Eingangsbereich des Disneyland® Park finden die Gäste Ruhe und Entspannung – für gehobene Ansprüche sogar in einer der Suiten oder der Honeymoon-Suite.
Es muss jedoch nicht unbedingt eine Suite sein, um Luxus und Exklusivität zu genießen, denn daran wurde im gesamten Hotel nicht gespart. Außerdem ist die Dichte der verschiedensten Disney®-Charaktere, die den Gästen ohne allzu lange Schlangen ihre Aufwartung machen, im Disneyland® Hotel am höchsten. Im Außenbereich des Hotels sind die für alle Besucher zugänglichen *Fantasia Gardens* angelegt. Blumenbeete, ein Teepavillon und Wasserläufe bilden einen würdigen Vorplatz für dieses imposante Hotel.

Restaurants:

- Inventions (Buffetrestaurant)
- California Grill (À-la-carte-Restaurant).

Bar:

- Café Fantasia.

Besondere Ausstattung:

- Lunch und Dinner mit Besuch von Disney®-Charakteren
- Innenpool und Whirlpool
- Sport- und Wellnessbereich
- Kinder-Club
- (Honeymoon-)Suiten mit höherem Komfort und Zusatzleistungen.

Princess for a Day

Im ersten Stock des Hotels werden kleine Mädchen zu Prinzessinnen: Mit professionellem Make-Up und Hairstyling (nur bei entsprechender Haarlänge) und dem passsenden Outfit werden Mädchen im Alter von drei bis zwölf Jahren im Handumdrehen in ihre Lieblingsprinzessin verwandelt. Gebucht werden kann das Paket im Shop *Galerie Mickey* im Disneyland® Hotel. Die Pakete kosten 55 Euro (Frisur und Make-Up), 120 Euro (inklusive Standardkleid) oder 320 Euro (inklusive eines hochwertigen Prinzessinnenkleids). Jungs können sich als Pirat stylen lassen.
Wenn Fotos beim anwesenden Fotografen gekauft werden, kosten diese entsprechend extra (außer man nutzt bereits den *PhotoPass+;* siehe *Das Schlaue Buch*).

Tea Time im Café Fantasia

Wer einen Tag im Park mit einer stilvollen *Tea Time* am Nachmittag krönen möchte, ist im *Café Fantasia* richtig. Neben erlesenen, frisch zubereiteten Tee-Spezialitäten werden süße und herzhafte Köstlichkeiten gereicht. Die Tea Time kostet zwischen 45 Euro (Victorian Tea Time) und 60 Euro (Royal Victorian Tea Time).

Sonntagsbruch im Restaurant Inventions

Sonntags wird im Restaurant *Inventions* von 13-15 Uhr ein Brunch angeboten. Die wirklich leckeren und hochwertigen Speisen werden jedoch schnell zur Nebensache, wenn die Disneycharaktere durch das Restaurant laufen und für Erinnerungsfotos und Autogramme an die Tische kommen. Jeder Brunch hat ein eigenes Motto – lassen Sie sich überraschen. Die Kosten betragen 99 Euro pro Person für Erwachsene und 45 Euro pro Kind.

Fun Fact:

- Das Disneyland® Hotel ist neben dem Schloss vermutlich das meistfotografierte Gebäude des gesamten Ressorts
- Zu seinen populärsten Zeiten hatte Michael Jackson bei seinen Besuchen immer einen kompletten Flügel des Hotels für sich und seine Entourage angemietet, um dem Rummel um seine Person zu entkommen. Außerdem nutzte er die Fahrgeschäfte des Parks ausschließlich nachts – diese Spezialbehandlung ist Normalsterblichen allerdings vorenthalten
- Wer einen Hauch Luxus abbekommen und einen neugierigen Blick riskieren möchte, kann dies jederzeit auch als Besucher tun, denn die Lobby des Hotels, die Shops und Restaurants sind nicht exklusiv den Hotelgästen vorbehalten.

Disney's Hotel New York – The Art of Marvel

4 Sterne, Deluxe-Kategorie

Seit Januar 2019 ist das Hotel im Stil eines Manhattaner Hochhauskomplexes geschlossen und wird komplett saniert. Anstelle des *Big Apple* heißen ab Sommer 2020 die Helden des Marvel-Universums die Gäste willkommen.
Erste Fotos eines bereits renovierten Zimmers geben einen Vorgeschmack auf den cleanen Chic, der zukünftig Einzug halten wird. Nach aktueller Planung wird jede Etage einem anderen Superhelden gewidmet und das Hotel in Summe über 300 Kunstwerke beherbergen.

Disney's Newport Bay Club

4 Sterne, Deluxe-Kategorie

Neuengland lässt grüßen – wer schon immer einmal in einem mondänen Seebad um 1900 übernachten wollte, ist hier richtig. Das Hotel *Disney's Newport Bay Club* empfängt seine Gäste im maritimen Kreuzfahrtschiff-Ambiente: Die Zimmer sind Kajüten nachempfunden, ohne dabei auf Komfort zu verzichten. Die Möbel sehen aus wie Überseekoffer, aus *Bullaugen* schauen Disneycharaktere neugierig ins Zimmer – natürlich nur als Kunstelemente der Tapete.
Von der Terrasse aus hat man einen schönen Blick auf den *Lake Disney*. Der im Rhythmus von Wind und Wellen schaukelnde Leuchtturm bringt Entspannung nach einem Tag im Trubel der Parks.
Die Restaurants warten mit Seafood und klassischen Fleischgerichten aus Neuengland auf. In der Hotelbar können hochwertige Modellschiffe bestaunt werden.

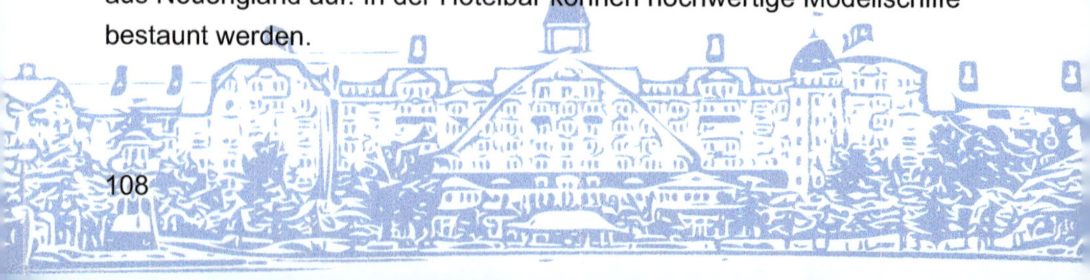

Restaurants:

- Cape Cod (Buffet-Restaurant)
- Yacht Club (À-la-carte-Restaurant).

Bar:

- Captain's Quarters.

Besondere Ausstattung:

- Clubzimmer und Suiten mit höherem Komfort und Zusatzleistungen
- Schwimmbad mit Außenbereich
- Sport- und Wellnessbereich, Joggingpfad
- Tagungsräume.

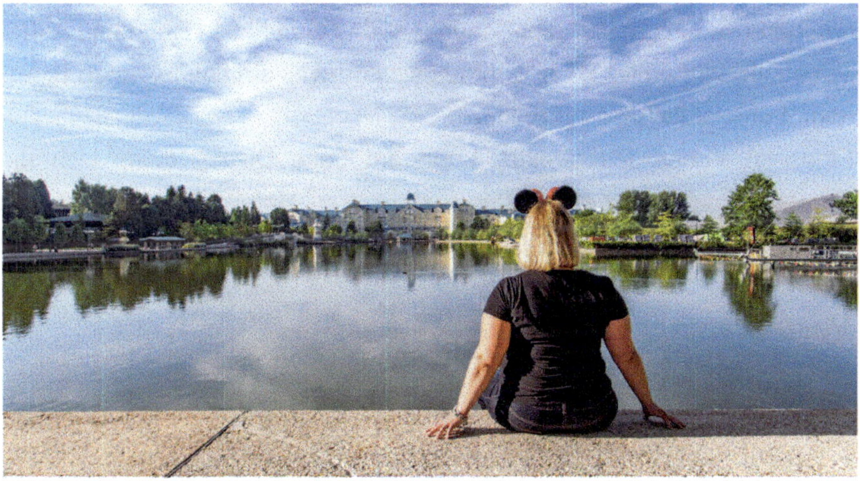

Maritimes Ambiente am Newport Bay Club

Disney‘s Sequoia Lodge
3 Sterne, Moderate-Kategorie

Im Stil der großen amerikanischen Nationalparks angelegt, ist das Disney®-Hotel *Sequoia Lodge* mit das rustikalste, gleichzeitig aber eines der gemütlichsten Hotels unter den Disney®-Hotels. Neben dem Haupthaus laden Lodges dazu ein, einen Urlaub *mitten in der Natur* zu verbringen.
Im Inneren empfängt die *Lodge* seine Besucher mit einem dezenten Geruch von Pinie. Das rustikale und gemütliche Interieur lädt nicht nur am offenen Kaminfeuer der *Redwood Bar and Lounge* zum Verweilen ein, um die schönen Erlebnisse des Tages Revue passieren zu lassen.

Ninas Tipp: Die *Redwood Bar and Lounge* ist der perfekte Ort für kalte Herbst- und Winterabende.

Die Außenanlage beeindruckt mit imposanten, eigens importierten Mammutbäumen (Sequoias) und gibt Besuchern das Gefühl von Ruhe und Abgeschiedenheit. Familie Biber tummelt sich derweil am hoteleigenen Biberdamm und ist fleißig am Arbeiten.
Eines ist sicher: Mit direkter Lage am Lake Disney muss sich die *Sequoia Lodge* nicht hinter den luxuriöseren Hotels *Disney's Newport Bay Club* und *Disney's* Hotel *New York - The Art of Marvel* verstecken.

Restaurants:

- Hunter's Grill (Buffet-Restaurant)
- Beaver Creek Tavern (Buffet-Restaurant).

Bar:

- Redwood Bar and Lounge.

Besondere Ausstattung:

- Clubzimmer und Suiten mit höherem Komfort und Zusatzleistungen
- Innenpool mit Außenbereich
- Sport- und Wellnessbereich, Joggingpfad.

Tipp:

Disney's Hotel Cheyenne

2 Sterne, Value-Kategorie

Für kleine und große Cowboys und -girls, Familien, Paare und Gruppen ist das *Hotel Cheyenne* genau das Richtige: Holzhäuser, die nach Westernhelden und Indianerhäuptlingen benannt sind, sorgen für eine gelungene und authentische Westernatmosphäre. Restaurant und Bar laden zum Verweilen ein. Es gibt sogar ausreichend Sitzgelegenheiten in deren Außenbereich, um bei trockenem Wetter und angenehmen Temperaturen einen ereignisreichen Tag entspannt ausklingen zu lassen.

Gäste kommen in diesem Hotel mit den rustikal eingerichteten Zimmern mit Toy Story-Thematisierung (Sheriff Woody lässt grüßen) auf ihre Kosten, ohne dafür die höheren Preise der anderen Hotels in Kauf nehmen zu müssen. Dafür ist der Weg zum Park zwar etwas länger, was durch die Nutzung von Pendelbussen aber wieder relativiert wird.

Seit neuestem gibt es einen Pfad der Biodiversität, der dem ökologischen Bewusstsein des Ressorts Nachdruck verleiht. Das angebaute Obst und Gemüse wird in den parkeigenen Restaurants verarbeitet.

Restaurant:

- Chuck Wagon Café (Buffet-Restaurant).

Bar:

- Red Garter Saloon
- Starbucks Coffee.

Besondere Ausstattung:

- Toy Story-Themenzimmer
- Indoor-Spielplatz
- Jogging-Pfad
- Ponyreiten (saisonal, gegen Aufpreis)
- Pfad der Biodiversität.

Disney‘s Hotel Santa Fe

2 Sterne, Value-Kategorie

Im mexikanischen Stil erbaut, bietet das *Hotel Santa Fe* südamerikanisches Flair und viel Trubel. Namenspate des günstigen Ressort-Hotels ist die Hauptstadt von Neu-Mexiko, Santa Fe.
Aufgrund seiner Lage an der legendären *Route 66* dreht sich thematisch ansonsten alles um Autos. Nichts lag daher näher, als Elemente im

und am Hotel sowie die Inneneinrichtung der Zimmer nach Motiven aus dem Film *Cars* zu gestalten. So grüßen *Lightning McQueen* und *Sally* ankommende Gäste bereits weithin sichtbar vom Eingang des Hotels aus.

Da das Hotel aufgrund der im Verhältnis zu den anderen Hotels günstigeren Preisen gerne von kinderreichen Familien gebucht wird, geht hier der Trubel nach Verlassen der Parks weiter. Aber genau das macht das Hotel aus.
Lediglich Bar und Restaurant könnten nach Meinung der Autorin gemütlicher sein.

Restaurant:

- La Cantina (Buffet-Restaurant).

Bar:

- Rio Grande Bar
- Starbucks Coffee.

Besondere Ausstattung:

- Jogging-Pfad
- nahegelegene Tankstelle (Esso).

Tipp: Wer gerne zu Fuß geht und vor oder nach dem Trubel im Park Ruhe sucht, kann selbst von den weiter entfernten Hotels *Cheyenne* und *Santa Fe* aus entlang des Flusses *Rio Grande* zum Park und zurück laufen. Alle Wege führen zum Lake Disney und von dort aus durch das Disney Village® direkt zu den Parks.

Praktische Hinweise:

Der Check-In in den Hotels ist bereits morgens möglich. Die Zimmer selbst sind ab 15 Uhr bezugsfertig.

Ausnahmslos alle Hotels halten Handtücher und Bettwäsche für ihre Gäste bereit. Föns auch, dies jedoch mit Ausnahme der Standard-Blockhütten auf der *Davy Crocket Ranch*.

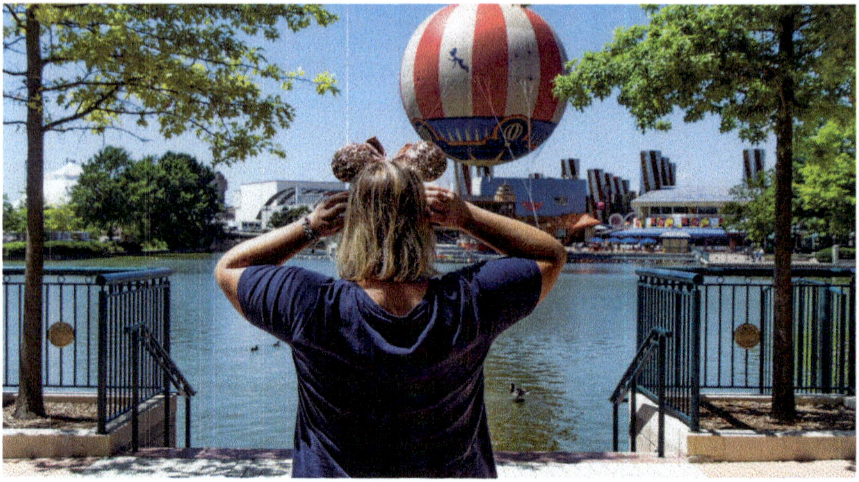

Blick über den Lake Disney

Disney Nature Resorts

Naturfreunde und Ruhesuchende sind in den beiden *Disney Nature Resorts* genau richtig. In Blockhütten (*Davy Crockett Ranch*) bzw. Apartments (*Villages Natures© Paris*) finden Familien und Gruppen ausreichend Platz und die Möglichkeit zur Selbstversorgung. Beide Ressorts sind idyllisch im Grünen gelegen und bieten verschiedene zusätzliche Freizeitmöglichkeiten als Ergänzung zu den Angeboten in den Vergnügungsparks.

Disney‘s Davy Crocket Ranch

Mitten im Grünen befinden sich die nach dem Vorbild amerikanischer *Mobile Homes* gebauten Blockhütten. Wer nach einem langen Tag im Park Ruhe sucht und sich gerne selbst verpflegt, ist hier genau richtig.
Die Blockhütten der nach dem amerikanischen Trapper *Davy Crocket* bekannten Ranch sind in drei verschiedenen Kategorien verfügbar. Sie bieten immer Platz für bis zu sechs Personen sowie Koch- und Grillmöglichkeiten.
Ein Aufenthalt auf der *Davy Crocket Ranch* bedarf besonderer Hinweise: Da sich die Ranch ca. 15 Minuten vom Park entfernt befindet und kein Pendelbus eingesetzt wird, ist ein eigenes Fahrzeug zwingend notwendig. Außerdem sollte bei der Planung berücksichtigt werden, dass sich die Schlafmöglichkeit für die 5. und 6. Person im Gemeinschaftswohnbereich befinden können.

Restaurants:

- Davy Crocket's Tavern (Buffetrestaurant)
- Pizza-Bestellmöglichkeit.

Bar:

- Crockett's Saloon.

Besondere Ausstattung:

- Innenpool
- Überdachter Tennisplatz
- Outdoor-Spielplatz
- *Davy Crocket Adventure*: Hochseilgarten (gegen Aufpreis)
- Minigolf (gegen Aufpreis)
- Videospielhalle *The Lucky Racoon* (gegen Aufpreis).

Villages Natures© Paris
4-Sterne Hotel

In Zusammenarbeit mit Center Parcs entstand 2017 das *Villages Natures© Paris* – ein eigenes Ferienresort nach dem Vorbild der europaweit etablierten Center Parcs-Kette.
Das *Villages Natures© Paris* ergänzt das bestehende Angebot für Besucher, die neben dem Freizeitpark-Erlebnis Freizeitaktivitäten in der Natur nutzen möchten. Es gibt insgesamt fünf verschiedene Themenbereiche, darunter auch ein Indoor-Wasserparadies.

Zum Aufenthalt:

- Für das Villages Natures© Paris können neben Pauschalen auch Tagestickets erworben werden
- Eine gebuchte Pauschale umfasst zwei Tage Parkeintritt (auch wenn der gebuchte Aufenthalt mehr Tage umfasst)
- Die Villages Natures© Paris sind sowohl mit dem Auto (ca. 15 Minuten) als auch mit einem Pendelbus erreichbar (Fahrtdauer ca. 25 Minuten, aufpreispflichtig).

Partnerhotels

Aufgrund der großen Nachfrage nach Übernachtungsmöglichkeiten sind in den vergangenen Jahren eine ganze Reihe an Partnerhotels bekannter Hotelketten in direkter Nachbarschaft des Ressorts entstanden. Die folgenden Partnerhotels stehen zur Auswahl:

Radisson Blu Hotel Paris

4-Sterne Hotel

Das *Radisson Blu Hotel* befindet sich direkt neben dem ressorteigenen Golfplatz und ist daher bei Golfspielern besonders beliebt. Im Winter überzeugt das Hotel durch einen gemütlichen Kamin in der hoteleigenen Bar.

Besondere Ausstattung:

- Direkte Lage am Golfplatz
- Innenpool
- Sport- und Wellnessbereich
- Außenspielplatz.

Vienna House Dream Castle Hotel

4-Sterne Hotel

Das *Vienna House Dream Castle Hotel* gibt sich alle Mühe, wie ein Schloss zu wirken. Besonders gelungen ist dies im Außenbereich mit der großzügigen Sonnenterrasse und dem parkähnlichen Garten.

Besondere Ausstattung:

- Innenpool
- Sport- und Wellnessbereich
- Karussell und Videospielzimmer (gegen Aufpreis)
- Innen- und Außenspielplatz.

Vienna House Magic Circus Hotel
4-Sterne Hotel

Hereinspaziert, Manege frei heißt es im *Vienna House Magic Circus Hotel*. Das Hotel ist eine Reminiszenz an die Welt des Zirkus und thematisch passend eingerichtet.

Besondere Ausstattung:

- Innenpool
- Sport- und Wellnessbereich
- Karussell und Videospielzimmer (gegen Aufpreis)
- Innen- und Außenspielplatz.

Hotel L'Elysee Val d'Europe *4-Sterne Hotel*

Mit dem Hotel *L'Elysee Val d'Europe* weht ein Hauch von Pariser Flair im *Val d'Europe*. Das Hotel ist sehr gut gelegen, wenn man neben einem Parkbesuch Wert auf Geschäfte, Cafés und Restaurants in der Nähe legt und das Outlet besuchen möchte. Außerdem gibt es dort einen nahegelegenen Bahnhof mit direkter Zugverbindung nach Paris.

Besondere Ausstattung:

- Fahrgeschäft (gegen Aufpreis).

Adagio Marne-La-Vallée Val d'Europe
3-Sterne Hotel

Das Apartment-Hotel *Adagio Marne-La-Vallée Val d'Europe* ist ideal für Selbstversorger und bietet, je nach gebuchtem Apartment, bis zu sieben Personen Platz.

Besondere Ausstattung:

- Innenpool.

Algonquin's Explorers Hotel ***3-Sterne Hotel***

Ein Paradies für Kinder und Familien findet man im *Algonquin's Explorers Hotel*. Wasserrutschen und ein toller Wasserspielbereich sowie In- und Outdoor-Spielplätze machen das Hotel zu einem echten Erlebnis. Das Hotel bietet Platz für Familien mit bis zu sechs Personen.

Besondere Ausstattung:

- Innenpool mit Wasserrutschen und Wasserspielbereich
- Indoor-Dschungelspielplatz, Innen- und Außenspielplätze mit Piraten-Thematisierung
- XD-Kino und Videospielzimmer (gegen Aufpreis).

Campanile Val de France
3-Sterne Hotel

Das *Campanile Val de France* hat keine spezielle Thematisierung und reduziert sich dadurch auf das Wesentliche: Eine Übernachtungsmöglichkeit mit sehr gutem Preis-Leistungsverhältnis. Als Besonderheit bietet das *Campanile* einen Lehrbauernhof für ökologische Haltung; Entspannung bietet der nahegelegene See.

Besondere Ausstattung:

- Lehrbauernhof
- Videospielhalle (gegen Aufpreis).

B&B Hotel
2-Sterne Hotel

Das neueste der Partnerhotels besticht durch ein sehr gutes Preis-Leistungsverhältnis und eine großzügige Architektur, die an ein Kloster erinnern soll. Das *B&B-Hotel* bietet Standard- und Familienzimmer.

Alle Hotels verfügen über einen kostenlosen Shuttle-Service zu den Parks. Die Fahrtdauer beträgt ca. 10 Minuten.

Vorteile der Partnerhotels:

Die Wahl des Hotels ist Geschmackssache. Partnerhotels bieten eine Reihe von Vorteilen, allen voran erweiterte Übernachtungskapazitäten für Besucher. Einige Gäste nutzen Partnerhotels, um bereits am Vorabend einer in einem Disney®-Hotel gebuchten Pauschale anzureisen. Auf diese Weise verliert man keine kostbare Zeit und kann morgens direkt in dem gebuchten Disney®-Hotel einchecken.
Partnerhotels sind oft neutraler gehalten und liegen näher am Shopping-Traum in Marne-la-Vallée. Und last, but not least, sind Partnerhotels oft noch verfügbar, wenn die Disney®-Hotels bereits ausgebucht sind.

Gut zu wissen: Welches Hotel den Urlaub zur schönsten Zeit des Jahres macht, hängt von vielen Faktoren ab und ist bekanntlich Geschmacksache. Für das perfekte Disney®-Feeling bieten sich nach Ansicht der Autorin in jedem Fall die Disney®-Hotels an, da die Partnerhotels weniger Disney®-Magie versprühen. Doch auch die Partner-Hotels haben, wie erwähnt, einige Vorteile. Es gibt nur einige Punkte zu bedenken, die Partner-Hotels nicht bieten:
Die beiden Parks sind eher schwierig zu Fuß erreichbar (Dauer des Fußwegs ca. 30 Minuten). Daher sind die Gäste auf den Shuttle-Service bzw. selbst organisierten Transport angewiesen.
Zu besucherstarken Zeiten ist mit längeren Wartezeiten an den Shuttle-Bussen zu rechnen, da die Taktung der Shuttle-Busse größer ist als im Vergleich zum Shuttle-Service der Disney®-Hotels.

Je nach Lage des Hotels und Route kommen die Busse zu Stoßzeiten schon voll am Hotel an und nehmen evtl. keine weiteren Gäste mehr auf. Außerdem können die Extra Magic Hours der beiden Parks nicht in Anspruch genommen werden. Jahreskartenbesitzer sind zudem an kartenabhängige Blockout-Tage gebunden. (Ausnahme: Infinity-Jahreskarte, die keine Blockout-Tage hat). Darüber hinaus gibt es keinen Besuch von Disneyfiguren im Hotel sowie keinen Babysitter-Service.

Praktische Hinweise:
Das schlaue Buch

(Disneyland® Paris) App

Die kostenlose *Disneyland® Paris App* ist eine wirklich gelungene App, die sowohl vor als auch während des Aufenthalts äußerst hilfreich ist. Dort sind Parkpläne und Öffnungszeiten einsehbar, können Eintrittskarten für die Parks und Tickets für Sonderveranstaltungen gekauft, Restaurantreservierungen vorgenommen und das Programm eingesehen werden. Die App bekommt man kostenlos in den gängigen App-Portalen.

Baby Switch Service

Damit beide Elternteile in den Genuss einer Fahrt kommen können gibt es über den *Baby Switch Service* die Möglichkeit, nacheinander zu fahren. Während ein Elternteil die Attraktion fährt, passt der andere auf das Baby auf. Danach wird gewechselt.

Besucher mit Behinderung

Um Besuchern mit dauerhafter Behinderung oder temporärer Einschränkung einen möglichst unbeschwerten Parkbesuch zu ermöglichen, gibt es eine Reihe von Hilfestellungen.

Am *Donald Desk* (rechter Eingang zum Disneyland® Park), in der *City Hall* (im Disneyland® Park) sowie bei den *Studio Services* (in Walt Disney Studios® Park) können sich Gäste über die Zugangsbedingungen zu den Attraktionen informieren.

Dort wird, nach Vorlage des Schwerbehindertenausweises, eine Zugangskarte (*Disabled Priority Card*) ausgehändigt. Durch die Vorlage der Zugangskarte ist der barrierefreie Zugang ohne lange Wartezeiten durch den Eingang für Besucher mit Behinderung möglich. Bis zu vier Begleitpersonen können den Service mitnutzen, wovon jedoch mindestens eine der Personen 15 Jahre oder älter sein muss. Bei Shows und Paraden ist nur eine zusätzliche Begleitperson gestattet.

Eintrittskarten werden nach Vorlage des Ausweises rabattiert (10%); dies gilt auch für Jahreskarten. Wenn im Ausweis eine Begleitperson vermerkt ist, so erhält diese Person kostenlosen Zutritt. Das Ticket für die Begleitperson muss bei einem mehrtägigen Aufenthalt täglich neu erworben werden.
Die Schalter sind in der Regel schon vor Parköffnung besetzt.

Besucher mit temporärer Beeinträchtigung

Wer den Park mit einer (nicht dauerhaften) Beeinträchtigung besuchen möchte, kann sich eine *Easy Access Card* ausstellen lassen. Auch diese Karte erlaubt den Zugang für die betroffene Person und bis zu vier Begleitpersonen.
Die Zugangskarte bekommt man jedoch nur nach Vorlage eines ärztlichen Attests (am besten in Englisch oder Französisch, von einem Arzt beglaubigt). Je nach Beeinträchtigung kann der Zugang zu einzelnen Attraktionen ausgeschlossen werden, z.B. bei Schwangerschaft. Die Karte bezieht sich nicht auf Paradeplätze und Shows.

Bezahlen

Überall im Park kann mit Bargeld bezahlt werden, fast überall auch mit EC- oder Kreditkarte.
Die Höhe des Reisebudgets ist so individuell, dass eine Empfehlung selten passt. Die Autorin kalkuliert pro Person in der Regel 100 Euro am Tag für Verpflegung und Souvenirs.

Defibrillatoren

Defibrillatoren befinden sich an ausgewiesenen Plätzen im Park, oft in Nähe der Toiletten bzw. in den früheren Telefonbuchten. Daher kann es sich im Ernstfall lohnen, auf Telefonschilder zu achten.

Erste Hilfe

In beiden Parks sowie im Disney Village® befinden sich *Erste-Hilfe-Stationen*. Die Standorte sind im Parkplan gekennzeichnet. Im Notfall ist Hilfe schnell zur Stelle.
Bei Notfällen in Hotels kann mittels der entsprechenden Taste auf dem Zimmertelefon Hilfe geholt werden.

Extra Magic Hours (EMH)

Während der Extra Magic Hour (8.30 Uhr bis 9.30 Uhr) öffnen einzelne Länder und Fahrgeschäfte exklusiv für Gäste der Ressort-Hotels. Welche

Länder dies jeweils sind, erfahren Sie im Hotel — oder Sie lassen sich einfach im Park überraschen.

FASTPASS

An besonders beliebten Attraktionen sind kostenlose, jedoch limitierte *FASTPASS*-Tickets verfügbar. Durch Scannen der Eintrittskarte erhält man einen FASTPASS und stellt sich dadurch in einer Art virtueller Schlange an. Innerhalb eines festen Zeitfensters kehrt man zurück und erhält durch einen separaten Eingang (FASTPASS-Eingang) Zutritt zur Attraktion. Wann der nächste FASTPASS verfügbar ist, steht auf dem Ticket (spätestens nach Ablauf von zwei Stunden). Nutzen Sie die Zeit währenddessen für andere Attraktionen.
Gäste mit VIP-FASTPASS aus der Hotel-Pauschale sind von dieser Regelung ausgenommen und haben besondere Vorteile.

Tipp: Am besten ziehen Sie frühzeitig einen FASTPASS bei den beliebten Attraktionen, denn im Laufe des Tages können diese vergriffen sein – bei großem Andrang und besucherstarken Tagen ist dies oftmals schon gegen Mittag der Fall. Während der Extra Magic Hours sind noch keine Fastpässe verfügbar.

Die Attraktionen mit FASTPASS sind im Parkplan und an den Attraktionen gekennzeichnet.

Seit einiger Zeit gibt es aufpreispflichtige FASTPASS-Modelle: Den SUPER FASTPASS und den ULTIMATE FASTPASS.
Der SUPER FASTPASS ist für 30 Euro (Nebensaison) bzw. 45 Euro

(Hauptsaison) erhältlich und beinhaltet den einmaligen Zugang zu drei vorab festgelegten Attraktionen (Ratatouille: The Adventure / Peter Pan's Flight / Buzz Lightyear Laser Blast bzw. Star Wars™: Hyperspace Mountain / Rock'n Roller Coaster Starring Aerosmith / The Twilight Zone Tower of Terror™). Den ULTIMATE FASTPASS gibt es in zwei Varianten: Für 60 Euro (Nebensaison) bzw. 90 Euro (Hauptsaison) erhält man einmaligen Zugang zu allen bereits im SUPER FASTPASS enthaltenen Attraktionen sowie zu Big Thunder Mountain / Star Tours: The Adventures Continue / Indiana Jones™ and the Temple of Peril. Und für 120 Euro (Nebensaison) bzw. 150 Euro (Hauptsaison) kann man die genannten Attraktionen einen ganzen Tag lang unbegrenzt oft fahren. Die Angebote sind jedoch begrenzt und erst ab 10.30 Uhr nutzbar. Die Preise verstehen sich selbstverständlich pro Person und pro Tag und ermöglichen ohne Eintrittskarte keinen Zugang zu den Parks.

Fotografie in Attraktionen

Indoor-Attraktionen wie *Phantom Manor, Peter Pan* oder *Schneewittchen* leben davon, dass sie überwiegend dunkel sind. Blitzlicht oder Lichter von Handys stören daher enorm. Außerdem werden die Fotos leider selten so schön, als dass sie das entgangene Vergnügen aufwiegen würden. Genießen Sie lieber die Fahrt und lassen Sie den Zauber von Disney® auf sich wirken – Mitfahrer danken es.
Wenn Sie nicht wissen, wie ihr Blitz auszuschalten geht, lassen Sie sich von Cast Membern helfen – oder die Kamera einfach in der Tasche.

Geburtstag feiern

Wer seinen Geburtstag in Disneyland® Paris feiern möchte, kann sich einen Geburtstagskuchen in ein Restaurant bestellen. Der Kuchen kostet 35 Euro und reicht für bis zu acht Personen. Bestellungen müssen rechtzeitig vorgenommen werden.
Kostenlos hingegen gibt es einen *I'm celebrating*-Button, den Geburtstagskinder an der Rezeption der Disney®-Hotels sowie in der City Hall / den Studio Services erhalten. In der City Hall kann man außerdem einen Anruf von Micky Maus entgegennehmen, der höchstpersönlich zum Geburtstag gratuliert – Happy Birthday!

Geldautomaten

Geldautomaten finden sich an diversen Stellen im Park. Es können Gebühren anfallen.

Gepäckaufbewahrung

Gepäckaufbewahrung (*Consigne / Guest Storage*) ist gegen Gebühr an den Eingängen von Disneyland® Park und Walt Disney Studios® Park möglich. Die Kosten betragen sechs Euro für ein kleines Gepäckstück, acht Euro für ein mittelgroßes Gepäckstück sowie zehn Euro für ein großes Gepäckstück.
Alternativ kann Gepäck auch in Schließfächern am Bahnhof aufbewahrt werden, jedoch ist die Aufbewahrung an den Parks aus Erfahrung praktischer, denn so kann man so den ganzen Tag schnell wieder an das Gepäck herankommen.
Schließfächer in den Parks selbst gibt es aus Sicherheitsgründen nicht mehr.

Haustiere

Haustiere sind im Park nicht gestattet. Lediglich Blindenführ- und Assistenzhunde sind erlaubt. Katzen und Hunde können jedoch kostenpflichtig in der Haustierpension (*Ménagerie*) untergebracht werden. Dort werden Tiere in Boxen untergebracht und mit Futter und Wasser versorgt. Für Freilauf sind die Tierbesitzer aus rechtlichen Gründen selbst verantwortlich.
Die *Ménagerie* befindet sich in der Nähe des Gästeparkplatzes. Voraussetzung für die Unterbringung ist ein gültiger und von einem offiziellen Tierarzt ausgestellter Tollwut-Impfschein (mehr als einen Monat und weniger als ein Jahr alt, auf Französisch) sowie ein Mikrochip. Eine vorherige Anmeldung ist leider nicht möglich. Wenn die Plätze belegt sind, werden keine weiteren Tiere aufgenommen – kalkulieren Sie diese Möglichkeit ein.

Es ist Geschmackssache: Selbstverständlich sind Boxen nicht das Non-Plus-Ultra im Hinblick auf artgerechte Haltung, jedoch um Längen besser als die Unterbringung im Auto oder allein daheim.

Hidden Mickeys

Unter *Hidden Mickeys* versteht man die grafische Anordnung von drei Kreisen, die scheinbar zufällig angeordnet sind und erst beim näheren Hinschauen die Silhouette des Micky-Kopfes offenbaren.
Überall im Ressort, von den Parks über das Disney Village® bis zu den Hotels finden sich *Hidden Mickeys*, mit deren Suche man sich prima nebenbei beschäftigen kann.

Kinderwagen- und Rollstuhl(-verleih)

Selbstverständlich können eigene Kinderwagen- und Rollstühle sowie faltbare Bollerwagen mit in den Park genommen werden.
In beiden Parks können außerdem Kinderwagen und Rollstühle (*Fauteuils Pousettes / Roulants*) gegen eine Gebühr und Pfand geliehen werden.

Tipp: Es gibt überall im Park ausgewiesene Parkplätze für Kinderwagen – nutzen Sie diese. Cast Member sind dazu angewiesen, falsch geparkten Kinderwagen an die dafür vorgesehenen Parkplätze zu schieben. Es empfiehlt sich, Leihkinderwagen zu kennzeichnen, um Verwechslungen auszuschließen.

Kreditkarten

Anders als in Deutschland erfreut sich in Frankreich das Zahlen mit Kreditkarte großer Beliebtheit. Nicht nur zum Tanken oder Zahlen der Mautgebühren lohnt es daher, eine Kreditkarte mitzunehmen. Viele Kreditinstitute bieten mittlerweile Kreditkarten an, deren Jahresgebühr ab einem Mindestumsatz wieder gutgeschrieben wird und die oft sogar noch eine praktische Reiserücktrittsversicherung beinhalten.

Lebensmittelallergie

Für Besucher mit Lebensmittelallergie wird in Buffet- und À-la-carte-Restaurants ein Spezialmenü angeboten, das bis zu 16 Allergien abdeckt. Informieren Sie das Restaurant bei Bedarf im Voraus. Alternativ helfen auch die Mitarbeiter der Restaurants bei der Speisenauswahl. Informationen für Lebensmittelallergiker findet man auch auf der offiziellen Website.

Luftballons

Ein besonders beliebtes Souvenir sind mit Helium gefüllte Luftballons, die zum Preis von 10 Euro überall in den beiden Parks verkauft werden. Die Luftballons halten circa drei Wochen.
Flugreisende sollten beachten, dass diese Luftballons leider *nicht* mit ins Flugzeug genommen werden dürfen.

Medikamente

Medikamente dürfen selbstverständlich in den Park mitgenommen werden. Medikamente, die gekühlt gelagert werden müssen, können entweder an den Erste-Hilfe-Stationen der Parks oder an der Rezeption der Disney®-Hotels abgegeben werden. Die Minibar ist zur Aufbewahrung nicht gedacht und auch nicht in jedem Hotel verfügbar.
Die Partnerhotels bieten diesen Service mit Ausnahme des *Vienna House Dream Castle Hotel* und des *Hôtel Élysée Val d'Europe* nicht offiziell an.
In der *Wish Lounge* neben dem *Baby Care Center* im *Disneyland® Park* können Medikamente in aller Ruhe eingenommen werden. Sprechen Sie die Mitarbeiter an.

meet&greet mit Charakteren

In beiden Parks gibt es *meet&greet*-Plätze, an denen man wechselnde Charaktere von Disney®, Marvel und Disney•Pixar treffen kann. Dort geben die Figuren fleißig Autogramme und stehen für Fotos zur Verfügung. Die Uhrzeiten und Treffpunkte stehen im Programm und können über die Disneyland® Paris-App eingesehen werden.
Zeitfenster für meet&greets im Walt Disney® Studio können über die *Lineberty-App* kostenlos reserviert werden.

Notfall

Im Notfall wird auch in Frankreich die 112 gewählt. Nicht vergessen: Vom Handy aus muss die Vorwahl für Frankreich 0033 + Notrufnummer gewählt werden.

Park- und Programmplan

In beiden Parks liegen am Eingang kostenlose Park- und Programmpläne aus. Unbedingt zugreifen.

Parkplätze

Für Tagesgäste steht ein großer Parkplatz zur Verfügung. Die Preise sind abhängig vom Fahrzeug:

- PKW: 25 Euro
- Motorrad: 20 Euro

- Wohnmobil: 45 Euro (Inklusive Nutzung sanitärer Anlagen, allerdings ohne Anschlüsse).

Gäste der Davy Crocket Ranch nutzen diesen Parkplatz ebenfalls. Für sie ist die Benutzung kostenfrei.
Es lohnt sich, früh anzureisen. An besucherstarken Tagen füllt sich der Parkplatz schnell.
Außerdem steht ein öffentliches Parkhaus am Disney Village® zur Verfügung, das stundenweise abgerechnet wird. Die Tages-Höchstgebühr beträgt 24 Euro (Stand 2018).

Pin Trading

Pin Trading hat eine lange Tradition in den Disney®-Resorts, so auch in Disneyland® Paris. Pins werden in vielen Shops sowie in der *Pueblo Trading Post* im Frontierland verkauft. Außerdem können Pins mit Cast Membern und anderen Fans getauscht werden.
Es gibt besonders begehrte Pins in limitierte Auflage, die Sammlerherzen höher schlagen lassen. Wenn limitierte Pins auf den Markt kommen, ist die ansonsten unscheinbare *Pueblo Trading Post* regelrecht umlagert und tauschwillige Fans bauen Tische auf, auf denen die Tauschware angeboten wird.

PhotoPass und PhotoPass+

In einigen Attraktionen sowie bei Treffen mit Disney®-Figuren werden Fotos gemacht – diese Fotos können käuflich erworben werden. Hierzu gibt es einen kostenlosen *Standard-PhotoPass.*
Ob Fotos einzeln gekauft werden oder ob sich der Erwerb eines

PhotoPass+ lohnt, ist ein Rechenexempel. Der *PhotoPass+* kostet 69 Euro (Stand Januar 2019) und kann an den Verkaufsstellen von Fotos und in einigen Geschäften erworben werden. Der Preis einzelner Fotos ist an den jeweiligen Attraktionen ausgewiesen. Auf dem *PhotoPass+* können alle während eines Aufenthalts erworbenen Fotos gespeichert und im Nachhinein online abgerufen werden. Alternativ können Sie eine entsprechende App nutzen, um die Fotos direkt auf dem Handy zu verwalten.

Zum Download ist eine Internetverbindung erforderlich; der Download via App erfolgt mit geringerer Datenqualität.

Die günstigere Alternative ist es, Fotos bei Treffen mit Figuren mit eigenen Apparaten zu machen – entweder selbst oder durch anwesende Cast Member, die hierzu immer gerne bereit sind.

Rauchen

Rauchen (und Dampfen) ist nur an ausgewiesenen Plätzen erlaubt.

Restaurants

Im Ressort gibt es eine Vielzahl an Restaurants. In Buffet- und À-la-carte-Restaurants empfiehlt sich eine Reservierung. Anderenfalls kann es passieren, dass Sie keinen Tisch bekommen oder lange Wartezeiten einkalkulieren müssen.

Reservierungen können ab 60 Tage vorher telefonisch vorgenommen werden (auf Englisch oder Französisch): (+33) 160301001 sowie online unter https://www.disneylandparis.com/de-de/restaurants/ oder über die App.

Trotz Reservierung gilt vor Ort entsprechend des amerikanischen Standards: *Please wait to be seated,* übersetzt: *Bitte warten Sie, bis man Ihnen einen Tisch zuweist.*

Schwangerschaft

Einzelne Attraktionen sind für Schwangere nicht nutzbar. Sie sind im Parkplan und an der jeweiligen Attraktion entsprechend gekennzeichnet. Immerhin gibt es die Möglichkeit, sich eine *Easy Access Card* ausstellen zu lassen, um Wartezeiten an den übrigen Attraktionen zu reduzieren – siehe Tipps für *Besucher mit temporärer Beeinträchtigung.*

Selfie-Sticks

Selfie-Sticks sind in beiden Parks aus Sicherheitsgründen verboten.

Single Rider

An einigen Attraktionen gibt es das Angebot, leere Einzelplätze als Single Rider (Einzelfahrer) aufzufüllen. Hierzu gibt es eine entsprechend gekennzeichnete Warteschlange, über die man Zeit beim Anstellen spart. Das Angebot gibt es aktuell nur an den Attraktionen *HyperSpace Mountain: Mission Rebel, Ratatouille, Toy Soldiers Parachute Drop* oder *Crush's Coaster.*
Hinweis: Single Rider können *nicht* zusammen mit ihrer Begleitung fahren. Auch Betteln am Einstieg hilft nichts. Es gibt ein Mindestalter, ab dem Kinder überhaupt alleine fahren dürfen. Für Familien mit kleineren Kindern empfiehlt sich ausdrücklich das FASTPASS-System.

Souvenirs und Shopping

Für Shoppingfans sind die beiden Parks und das Disney Village® ein echtes El Dorado. In über 60 Shops werden alle möglichen Souvenirs angeboten: Kleider, Tassen, Schmuck, Kunstgegenstände und allerhand Nippes lassen Fan- und Liebhaberherzen höher schlagen.
Auch wenn es ein umfangreiches Grundsortiment an Souvenirs gibt, werden spezielle Sortimentsbestandteile themenbezogen nur in einzelnen Shops angeboten.
Nahezu jede Attraktion hat einen angeschlossenen Shop. Auch die Hotels beherbergen eigene Boutiquen mit speziellen, thematisch zum Hotel passenden Souvenirs, die es sonst kaum oder gar nicht in den Parks zu kaufen gäbe.
Es kann auch passieren, dass Souvenirs über den Tag hinweg abverkauft werden und nicht mehr verfügbar sind – wenn man etwas unbedingt kaufen möchte, sollte man daher nicht lange zögern.

Shopping-Service (kostenlos)

Für alle, die ihre Souvenirs nicht den ganzen Tag mit sich herumtragen möchten, bietet Disney® einen kostenlosen Shopping-Service an. So können alle vor 15 Uhr gekauften Waren in Disney®-Hotels bzw. die Partnerhotels geliefert werden. Ins Hotel gelieferte Waren können nach 20 Uhr in der Hotelboutique abgeholt werden.
Alternativ können die Einkäufe auch direkt im Shop bis zur Schließung des Shops aufbewahrt werden.

Souvenirs im Online-Shop

Wer nach seiner Rückkehr merkt, dass das eine oder andere Shopping-accessoire noch fehlt, kann Souvenirs über den Disneystore bestellen. Dort gibt es mittlerweile einen Teil der im Park erhältlichen Souvenirs. https://www.shopdisney.de/

Souvenir-Münzen

An vielen Stellen gibt es Münzautomaten, in denen Münzen zu Souvenirs gepresst werden können. Entsprechende Automaten stehen z.B. in den beiden Arcaden im Disneyland® Park, im Durchgang unter dem Bahnhof MainStreet Station sowie in den Walt Disney Studios® Park und im Disney Village®.

Sprache

Die offizielle Parksprache ist Französisch. Man muss der französischen Sprache jedoch nicht mächtig sein, um einen Urlaub in Disneyland® Paris erfolgreich und entspannt zu meistern. Einige Cast Member sprechen Deutsch, in jedem Fall aber Englisch. Die Sprachen, die von den Cast Membern gesprochen werden, erkennt man an den Länderflaggen am Revers. Tragen Angestellte keine Länderflagge am Revers, können Sie davon ausgehen, dass sie überwiegend Französisch sprechen.

Tanken

Tanken funktioniert in Frankreich grundsätzlich genau wie in Deutschland. Es ist jedoch ratsam, eine EC- oder Kreditkarte zum Bezahlen parat zu haben, da man vereinzelt nur direkt an den Säulen bezahlen kann. Dies kann an Selbstbedienungstankstellen und außerhalb der Öffnungszeiten der Fall sein.
Außerdem ist zu beobachten, dass die Preise steigen, je näher man Paris kommt.
Tipp: Hinter *sans plomb* verbirgt sich Benzin, hinter *Gazole* Diesel. *GPL* steht für Autogas.

Tiere

Das Füttern von (wild im Park lebenden) Tieren ist nicht gestattet. Leider gibt es außer Pferden keine parkeigenen Tiere mehr – die Vogelgrippe aus dem Jahr 2004 hat dem einen Riegel vorgeschoben.

Toiletten

Überall in beiden Parks und im Disney Village® stehen kostenlose Toiletten zur Verfügung. In einigen Toilettenanlagen gibt es sogar spezielle Kindertoiletten.

Tour hinter den Kulissen

In beiden Parks sowie in der Attraktion *The Twilight Zone Tower of Terror*™ sind geführte Touren hinter den Kulissen gegen Aufpreis möglich (in der eigenen Sprache). Buchbar sind die Touren in der City Hall bzw. in den Studio Services.

Vegetarier / Veganer

Vegetarier / Veganer stehen in Disneyland® Paris vor einer Herausforderung: Nicht überall wird ein vegetarisches, seltener noch ein veganes Essen angeboten. Immerhin gibt es fast überall Salat und das vegetarische Angebot steigt kontinuierlich. Am einfachsten finden sich vegetarische Optionen in Buffetrestaurants.

Verkleidung

Da Gäste ab 14 Jahren in den Parks keine Disney®-Kostüme tragen dürfen (außer zur Halloween-Party), wurde von Fans das so genannte Disney®-Bounding entwickelt. Beim *Disney®-Bounding* trägt man Kleidung mit Farbkombinationen, die der Kleidung des nachgeahmten Disney®-Charakters entsprechen. Bei Donald Duck wäre das beispielsweise blau/weiß/gelb, bei Winnie Pooh rot/gelb. Der Fantasie sind keine Grenzen gesetzt.

Wetter

In Frankreich ist, wie im Großteil Europas, mit allen Wetterlagen zu rechnen. Das Wetter kann mehrfach am Tag wechseln und Regenschauer sind keine Seltenheit. Es gibt einige gute Tipps, die man grundsätzlich beachten sollte und mit denen man trotz Regen gut durch den Park kommt.

- Tragen Sie Zwiebel-Look. Morgens und abends kann es, auch im Sommer, kühl sein
- Nehmen Sie eigene Regenkleidung mit. Wer keine Regenkleidung dabei hat, kann Ponchos und Regenschirme erwerben. Ponchos kosten 10 Euro (8 Euro für Kinder).
- Steuern Sie bei Regen Shows und Indoor-Fahrgeschäfte an. Alternativ: Outdoor-Fahrgeschäfte leeren sich bei Regen. Es lohnt sich, dies zu nutzen, wenn man passende Kleidung trägt
- Nutzen Sie die Arcaden auf der *MainStreet U.S.A.*® zum Unterstellen und trockenen Fortbewegung
- Besuchen Sie die zahlreichen Shops – aber Achtung, Sie geben Ihr Geld möglicherweise schneller aus, als Ihnen lieb ist
- Es ist problemlos möglich, trockenen Fußes vom Bazar zum Frontierland (und zurück) zu gelangen: Der Eingang befindet sich zwischen dem Laden *Girafe Curieuse* und der *Passage Enchanté d'Aladdin.* Der Ausgang befindet sich im Shop *Tobias Norton & Sons (Bonanza Outfitters / Thunder Mesa Mercantile)* direkt im *Fort Comstock*.

Geld sparen:
„Den Geldspeicher schonen."

Es gibt sicher kostengünstigere Urlaube als einen Aufenthalt in Disneyland® Paris, jedoch bekommt man wirklich viel geboten. Immerhin gibt es einige Möglichkeiten, Geld zu sparen. Onkel Dagobert ist hierbei immer ein Vorbild.

Anreise

- Möglichst früh buchen und Sonderangebote nutzen – Bahn und Flugzeug bieten oftmals günstige Angebote, je früher man bucht
- Fliegen statt Fahren - bei einer bis zwei Personen kann das Flugzeug die günstigere Variante im Vergleich zum Auto sein
- Mitfahrer suchen und Fahrtkosten teilen
- Den Flug separat anstatt im Rahmen eines Anreisepakets buchen (Preisvergleich über die Websites der Airlines kann sich lohnen)
- Mit dem TGV anstatt dem Magic-Shuttle vom Flughafen zum Ressort fahren.

Eintrittskarten

- Über die Website www.disneylandparis.de gibt es eine Vielzahl an Ticketoptionen, die günstiger sind als vor Ort gekaufte Tagestickets. Insbesondere das *Mini-Ticket* ist günstig, dafür leider mit Ausschluss-Tagen verbunden. Hier sollte man direkt bei der Planung einen Blick in den Kalender werfen und vorausschauend buchen.

- Tickets für einen statt beide Parks kaufen – spart Geld und ist weniger stressig
- Günstige Tickets bietet auch https://www.attractionticketsdirect.de/ (mit Vorlaufzeit)
- Jahreskarten kaufen – ein Preisvergleich lohnt. Siehe auch den Abschnitt *Eintrittspreise und Jahreskarten*.

Souvenirs

- *Magical Offer*-Angebote in den Stores shoppen: Ab einem gewissen Mindesteinkaufswert gibt es ein bestimmtes Produkt zu einem deutlich günstigeren Preis, das in anderen Shops zum vollen Preis angeboten wird
- Reduziertes Merchandise kaufen – der Sortimentswechsel macht es möglich
- Den französischen Schlussverkauf nutzen – immer ab dem zweiten Mittwoch im Januar und Mitte Juni
- Regenponchos von daheim mitbringen – im Park sind sie wirklich teuer und halten selten lange.

Übernachtung

- Möglichst früh buchen, Sonderangebote abwarten
- Günstige Hotels buchen: Da man sich hauptsächlich zum Schlafen im Hotel aufhält, ist es ausreichend, in den beiden günstigeren Hotels *Santa Fe* oder *Hotel Cheyenne* zu übernachten
- Urlaub auf der Ranch: Für Gruppen / Familien ab fünf Personen ist

Disney´s Davy Crocket Ranch eine der günstigsten Lösungen, wenn man in einem Disney®-Hotel übernachten möchte

- Partner-Hotels buchen: Diese sind hin und wieder günstig über Online-Buchungsportale buchbar
- Mit dem Wohnmobil fahren (wenn man eines besitzt): Für 45 Euro pro Nacht kann man damit auf dem Parkplatz des Ressorts parken. Sanitäre Anlagen sind vorhanden, allerdings gibt es keinerlei Anschlussmöglichkeiten
- Zelten ist beispielsweise auf dem Campingplatz Camping *Le Soleil de Crécy* und auf dem Campingplatz *Camping International de Jablines* möglich (unverbindliche Empfehlungen)
- Auf Übernachtung gänzlich verzichten: Durch einen Ein-Tages-Trip können Kosten für Übernachtung gänzlich gespart werden. Ab Frankfurt beispielsweise ist es möglich, Disneyland® Resort Paris mit dem Zug in einem Tag zu erleben. Im Park selbst stehen dann circa. fünf Stunden zur Verfügung.

Verpflegung

- Am günstigsten isst man bei McDonald's im Disney Village®
- Verpflegen Sie sich (teilweise) selbst. Picknicken ist an ausgewiesenen Stellen erlaubt und überall im Park finden sich Trinkwasserspender für den kleinen Durst (allerdings sind diese mit Chlor versetzt). In den Wintermonaten sind die Wasserspender außer Betrieb
- Selbstversorger: *Disney's Davy Crocket Ranch* sowie das *Villages Nature® Paris* bieten Kochgelegenheiten für Selbstversorger: Hier stehen Koch- und Grillmöglichkeiten sowie ein Kühlschrank zur Verfügung

- Halbpension buchen: Disney® bietet regelmäßig Angebote an, die Halbpension beinhalten. Das kostenpflichtige Hinzubuchen der Halbpension lohnt sich allerdings nicht, außer es ist Ihnen wichtig, das Budget fest im Überblick zu behalten.

Zeitraum

Als Faustregel gilt: Außerhalb der Ferien und in der absoluten Nebensaison, z.B. Februar, März und November, reisen. Im Sommer, zu Halloween und in der Weihnachtszeit ist ein Parkbesuch besonders teuer. Leider gehören Ferienzeiten und Feiertage auch in Disneyland® Paris zu den teuersten Reisezeiten. Außerdem sollte man Besuche an Brückentagen, Samstagen sowie rund um den französischen Nationalfeiertag (14. Juli) vermeiden. Hier platzt der Park aus allen Nähten.

Zeit sparen: Daniel Düsentriebs Zeitumkehrer

Allgemein

- Gehen Sie antizyklisch frühstücken (entweder vor 8 Uhr oder wieder ab 9.30 Uhr)
- Nutzen Sie die *Extra Magic Hours (*nur für Gäste der Disney®-Hotels)
- Nutzen Sie die Toiletten links neben der City Hall oder nach dem Ausgang des Disneyland® Park – diese sind nicht ausgeschildert und daher oftmals ohne lange Warteschlange nutzbar.

An Attraktionen

- Gehen Sie während der EMH zuerst zu Ihren Lieblingsattraktionen (wenn die Attraktion dann bereits geöffnet hat)
- Stellen Sie sich ca. 20 Minuten vor Öffnung des jeweiligen Themenlandes vor einem der Eingänge an
- Ziehen Sie direkt nach der offiziellen Parköffnung einen FASTPASS an Ihrer Lieblingsattraktion
- Gehen Sie entweder direkt nach Parköffnung zu den beliebtesten Attraktionen, ansonsten erst wieder am späten Nachmittag, wenn die Tagestouristen bereits auf dem Heimweg sind
- Nutzen Sie die Showzeiten zum Besuch von Attraktionen: vor der großen Parade am Nachmittag und abends während der Show am Schloss sind die Wartezeiten deutlich geringer, da sich viele Gäste schon lange vor der Parade / Show einen guten Platz suchen
- Besuchen Sie Outdoor-Attraktionen im Regen: Bei Regen leeren sich die Outdoor-Aktivitäten ziemlich schnell und die Indoor-Attraktionen füllen sich entsprechend; mit der richtigen Kleidung ist es jedoch kein Problem, Outdoor-Attraktionen auch bei Regen zu nutzen – und das bei geringeren Wartezeiten
- Nutzen Sie einen FASTPASS (siehe *Das schlaue Buch*)
- Fahren Sie als Single-Rider (siehe *Das schlaue Buch*)
- Planen Sie den Besuch der Attraktionen mit der Disneyland-App, auf der sie aktuelle Wartezeiten abrufen können (Download kostenlos; Internetverbindung notwendig). Dort können Sie sich auch über geschlossene Attraktionen informieren; Wartezeiten und Schließungen können Sie ebenfalls den Tafeln an der *Central Plaza* bzw. vor dem *Tower of Terror* entnehmen
- Zu guter Letzt: Beachten Sie die Wartezeiten direkt an den Attraktionen. Die dort angegebenen Wartezeiten passen in der Regel sehr gut, außer es kommt zu technischen Problemen oder größere Gruppen drängeln sich vor.

Paraden, Shows und Events in den Parks

In beiden Parks gibt es neben den Attraktionen vielfältige Paraden, Shows und Events, die überwiegend saisonal stattfinden. Die Paraden und Shows sind im Eintrittspreis enthalten. Der Besuch von Events erfordert in der Regel ein kostenpflichtiges Zusatzticket.

- *Legenden der Macht. Ein Star Wars™ Event.* Seit dem Kauf der Film- und Merchandise-Rechte wird Star Wars™ in Disneyland® Paris großgeschrieben. Regelmäßig im Frühjahr wird der Walt Disney Studios® Park zu einem Mekka für Star Wars™-Fans und begeistert die Fans u.a. mit beeindruckenden Projektionen auf dem *Tower of Terror* sowie dem Aufmarsch der Storm Trooper und Darth Vader höchstpersönlich
- *Festival der Piraten und Prinzessinnen*: Team Prinzessinnen oder Team Piraten? Als Resultat des seit Jahren andauernden Hypes um die beliebten Disney®-Prinzessinnen sowie die Piraten rund um *Peter Pan* wird dieses Festival gefeiert. Neben Shows stehen Treffen mit Charakteren auf dem Programm. Zusätzlich können sich kleine Prinzessinnen und Piraten standesgemäß stylen lassen (Styling gegen Aufpreis, ganzjährig)
- *Marvel: Saison der Superhelden*: Im Sommer übernehmen die Superhelden des Marvel-Imperiums den Walt Disney Studios® Park: Einzigartige Shows, spezielle Deko und Helden zum Anfassen machen die Saison zu etwas Besonderen. Mit *Marvel: Saison der Superhelden* legt Disney® den Grundstein für den Einzug der Marvel-Charaktere in den *Walt Disney Studios® Park*, der mit der Neu-Thematisierung von *Disney´s Hotel New York* sowie einem eigenen Themenland (geplante Fertigstellung 2020) fortgesetzt wird

- *Magical Pride* in Disneyland® Paris: Auch bei Disney® wird Vielfalt großgeschrieben: Eine bunte Parade zu Ehren der LGTB+ (Lesbian, Gay, Bisexual, Transgender) Community macht den Walt Disney Studios® Park noch bunter. Bis in die Nacht hinein ist der Themenpark geöffnet und lädt, unterstützt von Special Guests, zum Tanzen und feiern ein. Für das Magical Pride-Event benötigt man ein extra Ticket
- *Jazz-Festival:* Eine Vielzahl an Konzerten verwandeln den Walt Disney Studios® Park in eine lauschige Jazz-Soiree, zu der namhafte Künstler eingeladen werden. Für das Jazz-Festival benötigt man ein extra Ticket
- *König der Löwen- und Dschungelfestival*: Wie der Name des Festivals vermuten lässt, stehen hier die Helden aus den beiden Disneyklassikern *Der König der Löwen* und *Das Dschungelbuch* im Mittelpunkt. Die Ankündigung dieses 2019 erstmalig stattfindenden Festivals verspricht eine bunte Mischung aus musikalischer Unterhaltung, spannenden Mitmachmöglichkeiten und Interaktion mit den afrikanischen und indischen Dschungelhelden. Im Rahmen des *König der Löwen- und Dschungelfestival* (Juni bis September) wurde das Chaparral-Theater nach einer langen Umbauphase wiedereröffnet. Spielzeiten können dem Programmplan entnommen werden
- *Le Rendez-vous Gourmand:* Von Juli bis Oktober können sich Besucher des Walt Disney Studios® Park durch Spezialitäten europäischer Küche probieren. In kleinen Holzhütten werden Speisen und landestypische Getränke verkauft, die Lust auf den nächsten Urlaub machen oder Erinnerungen wecken – oder beides
- *Disneyland® Paris Run Weekend*: Am letzten Septemberwochenende wird es sportlich: Über verschiedene Distanzen und in unterschiedlichen Challenges können sich Läufer am *Run Disney®-Wochenende* beweisen. Vom (familienfreundlichen) 5-Kilo-

meter-Lauf bis zum Halbmarathon und verschiedenen Challenges ist für jedes Leistungsniveau etwas dabei. Nebenbei bekommt man einen Blick hinter die Kulissen und kann die Parks von einer anderen Seite kennenlernen (Startplätze sind begrenzt und kostenpflichtig)

- *Disney's Halloween Festival*: Üblicherweise den ganzen Oktober hindurch wird im Disneyland® Park Halloween gefeiert. Mit Shows, Paraden, Partys und spezieller Deko in der MainStreet U.S.A.® und im Frontierland ist dies neben Weihnachten die bunteste Jahreszeit. Die Partys finden Ende Oktober statt. Für die Abendveranstaltungen benötigt man zusätzliche Tickets
- *Weihnachten*: Weihnachten ist eine besonders festliche Zeit in Disneyland® Paris. Gefeiert wird von November bis Anfang Januar mit speziellen Shows und Paraden, die nur zur Weihnachtszeit aufgeführt werden, mit festlicher Deko in vielen Teilen der Parks und einem ganz besonderen Zauber. Jeden Abend wird der Weihnachtsbaum auf der MainStreet U.S.A.® im Disneyland® Park in einer festlichen Zeremonie illuminiert – einfach magisch.

Ganzjährig finden die Parade *Disney® Stars on Parade* sowie die abendliche Illuminationsshow *Disney® Illuminations* am Schloss statt (Ausfall oder Änderung bei schlechten Witterungsverhältnissen ist möglich):

- *Disney® Stars on Parade*: Zum Jubiläum wurden die Paradewagen komplett neu konzipiert und erstrahlen seitdem in neuem Glanz. Ein Highlight jagt das nächste, so dass Zaungäste gar nicht aus dem Staunen herauskommen. Insbesondere der feuerspuckende Drache aus *Maleficent* bringt Gäste zum Staunen. Insgesamt bahnen sich bis zu neun Paradewagen ihren Weg entlang der Paradestrecke. Die Wagen werden von farbenfrohen Fußgruppen begleitet, die ausgelassen tanzen und Kunststücke vorführen. Kleine Besucher werden nach Möglichkeit einbezogen.

Tipp: Die tägliche Parade beginnt im Fantasyland® und endet am Ende der MainStreet U.S.A.® auf dem Town Square. Die Route der Parade kann man dem offiziellen Parkplan entnehmen. Für einen guten Platz empfiehlt es sich, mindestens eine Stunde vorher nach einem passenden Platz zu schauen und diesen entsprechend zu besetzen. Die Fußgruppen sind nur aus den vorderen Reihen gut zu sehen. Paradezeiten können dem Programm entnommen werden.

- *Disney® Illuminations*: Die Show *Disney® Illuminations* wird allabendlich zur Parkschließung auf das Schloss projiziert. Micky höchstpersönlich führt durch die farbenfrohe Show, in der Highlights und Helden aus aktuellen Filmen und modernen Klassikern präsentiert werden. Wasserspiele und Feuerwerk runden das Spektakel ab.

Tipp: Für einen guten Platz empfiehlt es sich, mindestens eine Stunde vorher nach einem guten Platz zu schauen und diesen entsprechend zu besetzen.

Besondere Anlässe und Feiertage

- Valentinstag (14. Februar): Disney®-Filme mit ihrem immerwährenden *Happily ever after* wären nicht Disney®, wenn der Valentinstag nicht entsprechend gefeiert werden würde
- Wales-Day (Anfang März): Feiertag des Landes Wales
- Weltfrauentag 8. März – besondere Events für Frauen

- Saint Patrick‘s Day (17. März): Mit vielen liebevoll gestalteten Events zollt Disney® der irischen Tradition Tribut: Es gibt spezielle Shows in den Parks und als Highlight zum Abend erstrahlt das Schloss in Grün – ein grünes „irisches Feuerwerk“ inklusive
- Star Wars™-Tag: 4. Mai – May 4th (the Force) be with you
- Muttertag (Mai)
- Fête Nationale (französischer Nationalfeiertag, 14. Juli): An diesem Tag ist in ganz Frankreich Ausnahmezustand – so auch in Paris und in Disneyland® Paris.

Paris und Umgebung

Auch wenn der Besuch primär den Disneyland® Parks gilt, lohnt sich auch ein Besuch außerhalb gelegener Sehenswürdigkeiten.

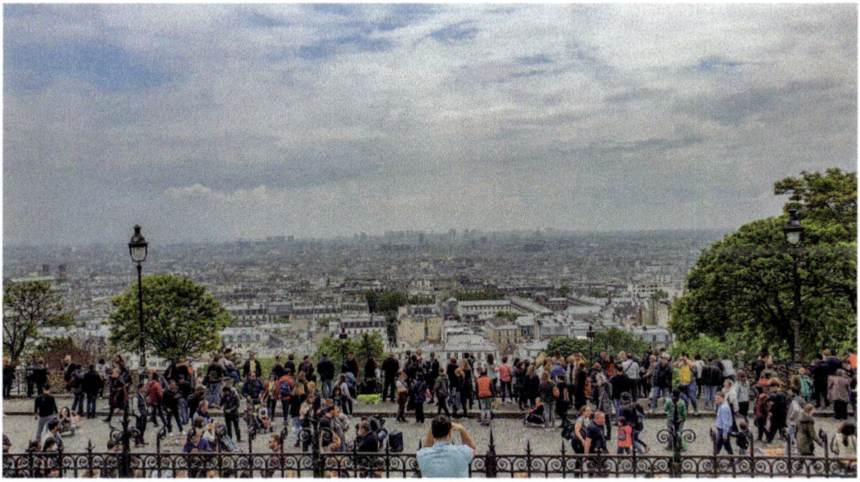

Stadtansicht Paris

Städtetrip Paris

Ein Aufenthalt in Disneyland® Paris lässt sich wunderbar mit einem Besuch in Paris, der *Stadt der Liebe,* verbinden.
Paris liegt nur knapp 32 Kilometer entfernt und ist in unter einer Stunde mit öffentlichen Verkehrsmitteln (Metro & RER) erreichbar. Infos zu Preisen und Abfahrtszeiten erhält man unter https://www.ratp.fr/en/ (Seite auf Englisch).

Disney® bietet organisierte Tagesausflüge an, die man bereits mit der Buchung des Aufenthalts, auf jeden Fall aber im Voraus, bucht. Zur Auswahl stehen verschiedene Angebote mit unterschiedlichstem Leistungsinhalten und Ausflugsdauer, beispielsweise ein *Tagesausflug nach Paris mit Bootstour* oder *Highlights von Paris*.

Natürlich kann man auch mit dem eigenen Fahrzeug in die Pariser Innenstadt fahren, muss dann allerdings tief für Parkgebühren in die Tasche greifen. Außerdem ist eine *Crit'Air Vignette* (Umweltplakette) für das Fahrzeug notwendig. Nähere Infos gibt es unter https://www.certificat-air.gouv.fr/de/

La Vallée Village

In der Shopping-Mall *La Vallée Village Chic Outlet Shopping* kommen Shoppingfans voll auf ihre Kosten. 190 Shops und 30 Restaurants bieten alles, was das Shopping-Herz begehrt.

SEA Life Aquarium

Im *Sea Life Aquarium* finden sich Aquarien mit heimischen und tropischen Fischen, begehbare Haitunnel, ein Touchpool (in denen kleine Meereslebewesen berührt werden können) und, ganz neu, das *Antarctic Adventure* mit Esels- und Kaiserpinguinen. Über die Website https://www.visitsealife.com/paris/en/tickets/ kann man günstige Online-Tickets erwerben.

Golf Disneyland®

Fans des gehobenen Ballsports werden in *Golf Disneyland®* fündig: Der 27-Loch-Golfparcours mit seinem angeschlossenem Clubhaus bietet alles, was das Spielerherz begehrt.
Der Golfparcours ist an sieben Tagen in der Woche geöffnet; Ausrüstung kann vor Ort geliehen werden. Die Anlage selbst liegt in Magny-le-Hongre.

Das dem Golfplatz am nächsten gelegene Hotel ist das Partnerhotel *Radisson Blu SAS* (siehe *Partnerhotels*).

Do’s and Don’ts

Do’s	Don’ts
Den Deckel der Cola-Box am Imbiss Cool Post öffnen – weil es so schön zischt	Zu wenig trinken – an vielen Stellen stehen Trinkbrunnen mit Wasser bereit
Ein paar Maus-Ohren kaufen – gehört zu einem Aufenthalt einfach dazu	Mit dem Souvenirkauf bis zum letzten Tag warten
Mit Cast Membern ins Gespräch kommen – insbesondere langjährige Cast Member haben viel zu erzählen und freuen sich über nette Gespräche	Auf Grünflächen stehen oder laufen – außer Sie sind VIP und auf Einladung im Park
Restaurants im Voraus reservieren	Beim Anstehen vordrängen
Abends durch die einzelnen Themenländer schlendern und die besondere Lichtstimmung genießen. Besonders in den Abendstunden sind die Attraktionen wunderschön beleuchtet	In Dark Ride-Attraktionen und Shows mit Blitz fotografieren – alle Anwesenden danken es, wenn kein Blitz verwendet wird
Fotos vor dem Disneyland® Hotel und dem Schloss machen	Selfie-Sticks verwenden

Disney® zum Nachlesen und Nachschauen

- *Alice im Wunderland* von Lewis Carrol und in der Realverfilmung von Tim Burton (2010)
- *Mary Poppins* als Roman von P.L. Travers und der Film *Saving Mr. Banks* (2013) von John Lee Hancock Jr.: Wer sich mit dem Schaffen und Werk von Walt Disney näher beschäftigen möchte, dem sei der Film *Saving Mr. Banks* empfohlen. Hier wird die Entstehungsgeschichte eines Disney®-Films am Beispiel von Mary Poppins eindrucksvoll nachgezeichnet. Ganz nebenbei erfährt man Interessantes über Walt Disney und die Autorin von Mary Poppins, P.L. Travers
- *Peter Pan* als Roman von J.M. Barrie und der Film *Wenn Träume fliegen lernen* von Marc Forster (2004) über die Entstehungsgeschichte von Peter Pan
- Buch *Imagineering – A Behind the Dreams Look at Making More Magic Real* von The Imagineers (für echte Fans).

Weiterführende Links im Ent-Net (Internet)

- *www.dein-dlrp.de* Größte deutschsprachige Community, die mit viel Liebe betreut wird. Aktuellere Informationen gibt es kaum
- *www.disneylandparis.de* Offizielle Website Disneyland® Resort Paris, deutsche Version
- *www.leo.org* Ein hilfreiches Online-Wörterbuch

Disney Resorts weltweit

Disneyland® Resort Paris ist der einzige Disney®-Themenpark in Europa. Weltweit gibt es insgesamt sechs Ressorts, die sich auf den nordamerikanischen und den asiatischen Markt fokussieren:

Nordamerika	Disneyland® Resort Anaheim, Kalifornien (1955)	Walt Disney World Resort Orlando, Florida (1971)
Japan	Tokyo Disney Resort (1983)	
Europa	Disneyland® Resort Paris (1992)	
China	Hong Kong Disneyland® Resort (2005)	Shanghai Disney Resort (2015)

Nach der Eröffnung des Disney® Resorts in Shanghai ist vorerst kein neues Ressort in Planung, auch wenn sich Gerüchte über eine weitere Expansion auf dem chinesischen Markt hartnäckig halten.

Walt Disney – Genie und Visionär

“It was all started by a mouse.”[13]

Ohne ihn und seine visionären Ideen würde es heute keines der Disney®-Resorts geben: Walter Elias Disney (1901-1966) ist die Vergangenheit, Gegenwart und Zukunft von Disney®. Mit seinen Ideen und Visionen schuf er etwas Einzigartiges, das schon zu seinen Lebzeiten zukunftsweisend war. Es ist dieses Streben nach Perfektionismus, das Disney®-Produktionen und -Produkte bis heute auszeichnet und Maßstäbe setzt. Er selbst wusste schon früh, wohin ihn sein beruflicher Weg führen sollte. Zu Beginn selbst noch Zeichner, erkannte er schnell, dass er für perfekte Leistung die Besten ihres Faches engagieren musste, damit die Werke seinen eigenen hohen Ansprüchen genügen konnten. Zusammen mit seinem Bruder Roy Disney® erschuf er auf den Schultern einer kleinen Maus ein Imperium, das bis heute Milliardenumsätze generiert.
Walt Disney hat den Trickfilm aus seiner Nische befreit und mit dem ersten abendfüllenden Zeichentrickfilm *Schneewittchen und die sieben Zwerge* aus dem Jahr 1937 Filmgeschichte geschrieben. Bis heute gelten Disney®-Produktionen als Garant für hochwertige Zeichentrick- und Animationsfilme, die wie früher weltweit ein großes Publikum begeistern.[14]

---

13 Dokumentarfilm „Walt Disney - Der Zauberer“, Dokumentarfilm, USA 2015
14 vgl. Dokumentarfilm „Walt Disney - Der Zauberer“, Dokumentarfilm, USA 2015

Zur Autorin und der Entstehungsgeschichte des Reiseführers

Nina Friedrich, Jahrgang 1980, lebt und arbeitet in Darmstadt. Wenn sie sich nicht gerade in Frankreich oder einem anderen schönen Land dieser Erde aufhält, ist sie als Spezialistin für Gleichstellung und Vielfalt in einem Energieversorgungsunternehmen tätig. So vielfältig wie diese Tätigkeit sind auch ihre privaten Interessen: Neben „quack"igen Kinderbüchern, spannenden Kurzgeschichten und einem regionalen Krimi entstand in jahrelanger Recherchearbeit der vorliegende Reiseführer, der die totale Begeisterung der Autorin für das Disney-Resort vor den Toren von Paris widerspiegelt.

.

Die Leidenschaft für Disney wurde ihr in die Wiege gelegt und mütterlicherseits zeitlebens gefördert. So stand bereits in jüngsten Lebensjahren ein Besuch in Walt Disney World Resort in Orlando an, während von einem Besuch des ursprünglichsten Disneyparks in Anaheim, Kalifornien, noch geträumt wurde.

Bis es dies im Jahr 2008 endlich soweit seit sein sollte, wurde 1992 der Themenpark in Frankreich errichtet, was Disney nun erheblich einfacher erreichbar machte. Seitdem stehen Jahr für Jahr mehrere Fahrten nach Paris auf dem Programm, entweder mit Mutter oder Ehemann oder mit beiden, um der gemeinsamen Leidenschaft zu frönen.
Wenn neben all dem noch Zeit bleibt, ist Nina Friedrich mit der Kamera auf Motivsuche, gerne auch als Hochzeitsfotografin. Und dann sind da noch die neun Meerschweinchen des reisebegeisterten Ehepaares. Die Vierbeiner ziehen es jedoch vor, nicht mit auf Reisen zu gehen.

Bei Fragen und Anregungen wenden Sie sich gerne an die Autorin!